第1章

「モテおやじ」に生まれ変わって第二の青春を

第2章

おじさん臭い外見を一新する逆転のセオリー

第3章 中年男性が無理なく会話力をアップさせる方法

第4章

おじさんの出会いを量産する「価値観×ネット」戦略

第5章

若い男に勝つ恋愛カルチャーセンター計画

装丁・本文デザイン　松田行正＋日向麻梨子
DTP　マッドハウス
イラスト　秋田カズシゲ
校閲　鷗来堂
企画協力　企画のたまご屋さん

第1章

「モテおやじ」に生まれ変わって第二の青春を

四〇歳を過ぎても恋の現役選手

ここ数年、中年男性と若い美女との年の差カップルが世間を騒がせています。タレントの石田純一さんが五六歳で二二歳年下の美人プロゴルファーと結婚。女優の沢尻エリカさんが二二歳で結婚、お相手は二二歳年上のクリエーター。この二組が代表格でしょうか。結婚ではなく、恋人や一夜を過ごした相手というレベルまで話を広げると、四〇歳過ぎのモテる男のネタは数え切れないほどです。

しかし、これは芸能界に限った話ではありません。みなさんの身近なところでも起きていることです。

ここに興味深いアンケート結果があります。

二〇代の独身ＯＬに対する調査。結果は、「四〇代の男性と実際に恋愛経験がある」と答えた女性が、なんと約半数の四六パーセントもいるのです（「読売ウィークリー」二〇〇八年六月一日号より）。

この結果を見て、「そういえば……」と、思い当たるフシがある人は多いのではないでしょうか。

「総務の田中はサエない四十男なのに、新人の子と一時期付き合っていたし、営業の鈴木は今年四四歳だよな、その鈴木が飲み会の後、後輩の女の子とホテルに消えたという話だし」といった具合です。四〇歳過ぎの男性が恋の噂を撒き散らしているのはけっして珍しい話ではなく、ごくごく普通の日常的な風景なのです。

このように、今のニッポン、「四〇歳を過ぎても恋の現役選手だらけ」というのが紛れもない実態です。

もう一つ、面白いアンケート結果を紹介します。五〇代、六〇代の男性にとっては朗報です。

調査対象は、二〇代、三〇代の独身ＯＬ、五〇〇名。

「おじさんは恋愛対象になりますか？」という問いに対し、七二パーセントが「人によってはなる」と回答しているのです。しかも、この「おじさん」というのが、四四歳から六二歳というから、何とも心強いアンケート結果です（養命酒製造株式会社二〇一〇年一月「調査レポート」より）。

この結果が例えば一～二割程度だったら、恵まれた一部の男性に限られた話で片付けられるでしょう。しかし、七割を超えているのです。十分に一般化していい水準です。大多数のおじさんにとって、この調査結果は他人事ではない「いい話」なのです。

しかし、このアンケートではもう一つ見逃せない結果が出ています。

それは「おじさんは好きですか？」という、そもそも、その存在自体に対する質問です。

結果は、「好き」と答えた女性は一八パーセントどまり。「嫌い」が一五パーセントで、「どちらでもない」が六八パーセントというのです。

つまり、おじさんは恋愛対象として考えられるが、その人次第ということなのでしょう。では、その人次第とは？

おじさんが恋愛で行き詰まる三つの原因

私は、中年男性専門の恋愛コンサルタントをしています。これまで一〇〇〇以上の人の恋の悩みにかかわり、八〇〇近い人の恋愛成就に携わってきました。

その私から見て、女性にモテたい四〇歳以上の男性が必ずぶち当たる壁があります。モテない原因と言い換えてもいいでしょう。

四〇歳以上の男性のモテない原因、それは——

1　おじさん臭い外見
2　女性とのコミュニケーション不全
3　慢性的な出会い不足

この三つが手かせ足かせになってモテないのです。逆に言うと、この三つの壁を打ち破ると、女性の恋愛対象に躍り出ることができるということです。

この三つに関して、思い当たるフシはありませんか？

「おじさん臭い外見」とは、加齢現象をあるがままに放置したり、古いファッションセンスを改めないさまをいいます。つまり、持って生まれた美醜のことではなく、外見を整えないことを指しています。「放置」が主たる原因なので、本人の自覚症状がないし、周囲も面と向かって指摘しないという厄介さをはらんでいる分野です。

例えば、職場の女性に対して「あなた、口の息が臭いです」とは言いにくいもの。同じように、「課長、髪型がオッサン臭いです」と言われることはまずありません。

別の例でいうと、「いまどき、聖子ちゃんカットは変だよ」と、職場の女性や初対面の女性に言えますか？　言えないですよね。

同じように、「いまどき、だぼだぼのスーツは変ですよ」と言われることはありません。たとえ聖子ちゃんカットのように時代遅れの雰囲気を醸し出していても、です。

「女性とのコミュニケーション不全」は、多くの中年男性に賛同してもらえる分野です。特に「若い女性との」と枕詞がつくと大賛同されます。なぜかというと、おじさんは若い女性が大好き。にもかかわらず、大半の人が「若い女性と何を話せばいいのかわからない」からです。

女性と二人っきりで話せるチャンスがあっても、おやじギャグを連発して引かれたり、妙にはしゃいで気味悪がられたり、逆に説教モードで場を盛り下げてしまったりと、多くのおじさんが苦労し、身に染みて「難しい」と感じている分野なのです。

三つ目の「慢性的な出会い不足」は、四〇歳以上の人にとって深刻な問題です。ある一定の年齢を過ぎると、身近な場から自然発生する「出会い」が極端に減少することが主な原因です。例えば、仕事関係や友人の紹介。そもそも、男だらけの職場で「今に至る」という人も少なからずいるでしょう。

もう一つの原因は「婚活」にあります。

私は相談者から「婚活で門前払いや足切りをされた」という話をよく聞きます。例えば、婚活パーティーで、参加条件にある年齢制限に引っかかってしまうのです。

四〇歳以上の男性が参加できない婚活パーティーの多いこと多いこと。

ある有名な婚活業者が主催するパーティーを調べたところ、約八五パーセントが四〇歳以上の男性は参加不可でした。残りの一五パーセントは四〇歳以上の男性も参加できますが、医者や弁護士、高収入の人限定です。つまり、一般的な四〇歳以上の男性は「お断り」ということなのです。

また、四〇歳を過ぎると子供が成人する前に定年になるなどの理由で、多くの女性の希望条件から外されてしまいます。親の介護問題などで敬遠されることも珍しくありません。

四〇歳を超えると、身の回りから出会いがなくなり、有料の出会いの場にすら参加できないという厳しい現実があるのです。

中年男性向けの恋愛ノウハウの欠如

この三つの壁の乗り越え方、つまり、中年男性向けの「恋愛ノウハウ」が必要です。なぜなら、中年男性ならではの特殊要件がいくつもあるからです。

外見でいえば、薄毛、白髪、シミやしわ、たるみなどの加齢現象は、若い男性にはないことですし、時代遅れのファッションセンスも特有のものでしょう。

女性とのコミュニケーション不全、なかでも「若い女性との」コミュニケーション不全は、世代の違いが一つの要因です。共通する体験がありませんし、言葉遣いも違うという壁があります。

また、会話スキルそのものを上げるにしても、反射神経や学習能力が年を取って落ちていることを考慮するべきです。慢性的な出会い不足も、年齢的なものが主たる原因だといえます。

中年男性は、時間的な余裕がありません。「打ち手」を誤ると手遅れになるリスクさえあります。そのため、短期間で即効性がある改善策と、中長期で大きなリターンがある改革策とを明確にして、優先順位付けができるようにする必要があります。

しかし、四〇歳以上の男性が恋愛に取り組むにあたって、こうした諸問題を解消する答えを見つけづらいという現状があります。

その原因の一つとしては、恋愛指南本やマニュアルの発行者など恋愛ノウハウの提供者に「当事者」が少ないことが挙げられるでしょう。

薄毛や四〇代からの出会い、年はサバ読みするべきかなど、四〇代以上の男性がぶつかる壁に悩み、自らの身をもってそれらを乗り越えた「実体験」がないので、的確なアドバイスができないのです。

もう一つの原因は、婚活業者にあります。誤解を恐れずに言えば、一部の有料業者を除き、大半の婚活業者は「中年男性向け」の恋愛ノウハウを持っていません。

中年男性に対して相談員は、年相応な女性とマッチングするよう、ありきたりの説得を繰り返すだけ。つまり「妥協しなさい」の一本やりです。とはいえ、そもそも大半の婚活業者は「異性の紹介」が主たる提供サービスであって、恋愛ノウハウの提供を期待すること自体に無理があるのかもしれません。

切ない中年男性、ひどい仕打ちを受ける

四〇歳を超えると、自分の行く末がなんとなく見えてきます。

将来の可能性や選択肢は狭くなり、希望や夢を一つひとつあきらめなければいけません。また、追い討ちをかけるように老化現象がどんどん進行していきます。

私がカウンセリングした五〇代のある男性は、こんな話をしました。

「資料の細かい字が見えなくて、メガネをずらして顔を近づけて読んでいるときのこ

とです。新入社員時代に、背中を丸めて資料に顔を近づけて必死に読んでいる年配の窓際社員を見て、『あんな風にはなりたくない』と思ったことを思い出したんです。そのとき、〝はっ〟としましたね。その昔なりたくないと思っていた年配の窓際社員に、自分がなっているんですから」

切ない話です。

でも、同年代で同じような思いを胸に秘めている人は多いのではないでしょうか。かく言う私もその一人です。私は、老化がはじまったとき、何とも言えない哀しさを感じたものです。

・白髪が生えたとき。そして、鼻毛や陰毛に白いものを見つけたとき
・おじいちゃんみたいな耳毛が生えたとき
・四十肩が痛み、腕が痺れ出したとき
・徹夜がきかなくなり、性欲がめっきり落ちたと感じたとき
・生え際が後退し、朝起きると枕にびっしりと抜け毛がはり付いていたとき

こうした現象が起こるたびに、「自分の肉体も滅びていくのか」と切なく思いまし

た。当時、私はある失態から閑職に追い込まれたこともあり、余計に自分の存在が虚しいものに思えたのでしょう。夜寝ているときに、何度、「えたいの知れない不安感」に襲われたことでしょうか。

四〇歳を過ぎると、老化現象だけでなく、世間から冷たい言葉を浴びせられることが増えるのも切ないことです。

先の五〇代の男性は、「私って、市場価値がないんでしょうか？」と私に向かって嘆いたことがあります。結婚相談所の相談員に、「五〇代の男性が三〇代の女性を希望するのは高望みだ」「はっきり言って、あなたは市場価値がないことを自覚するべきだ」などと言われたというのです。

ひどい話です。

しかし、この相談員が特殊なのではありません。これは、婚活産業に関わる者の多くが使う「提供者側の論理」です。つまり、中年男性は年齢の近い女性を選べばマッチング率が上がるだろう、マッチング率が上がれば成婚料などの売り上げが伸びるだろうという論理なのです。

この「提供者側の論理」を相談者に有無をいわせず納得させるため、ショッキングな言い方をするのでしょう。相手の人格を無視した失礼な言い回しですし、顧客の

「この年まで待ったんだから妥協したくない」という思いや、「年下の女性がいい」というニーズを実現化させる努力を怠った行為ともいえます。

こうした状況の中で、未婚の中年男性は「変わり者」と見なされ、さらに、心ない言葉を浴びせられます。

四〇歳以上の男は「キモい」のか

私は、「人としてまともでない」と言われたことがあります。

あるとき、五歳年下の上司と若い女性の後輩が、私の噂話をするのを耳にしました。

「あいつ、年いくつだっけ?」

「もう四〇超えてるんですよ、しかも独身」

二人して、

「キモぃー(笑)」

さらに若い女性の後輩が、

「もう、〇〇〇（東南アジアの国名）人と結婚するしかないですよね」
「って言うかさぁ、あいつ、人としての責任を果たしてないんだよ。まともじゃないんだよ、いい年して」

二人して締めの言葉はご丁寧にも、また、「キモぃー（笑）」でした。

それまで、そんな素振りはまったく見せず、普通に接していた彼らの本音を目の当たりにして、私は全身が凍りつくのを感じました。

同じような体験をした人は、私の相談者の中にもたくさんいます。同じく会社の上司から、「オマエの母親が病気になったのは、オマエが四〇過ぎても独身だからだ」と無茶苦茶な言葉を浴びせられた人すらいます。その人はお母さんを懸命に介護しているというのに。

未婚の中年女性は酒井順子さんのベストセラーのお陰で「負け犬」という、ある種の免罪符が与えられています。しかし、世間の人々にとって、未婚の中年男性は理解できない範疇に生息しており、「人としてまともでない」「キモい」存在にあたるのだ、と言ったら言いすぎでしょうか。

しかし、言いたい人には言わせておけばいいのです。
そんなことに惑わされず、自分の幸せを願い、追求するべきです。

「四〇歳からのモテる技術」とは？

先ほど挙げた三つの問題点を解消する技術を身につけて、正しい戦略のもと継続した努力を続けると、道は開けていきます。

例えば、「おじさん臭い外見」に見えてしまうのは、加齢現象とイメージアップのセオリーを知らないことが主な原因です。したがって、加齢現象に対抗する美容・医療的な手法、イメージアップのセオリーや服飾技術を知っているかどうか、そして実践しているかどうかで大きな差が出ます。

そこで本書では、頭のてっぺんからつま先まで、中年男性のおじさん臭さを解消するポイントとその実践論を紹介します。

「女性とのコミュニケーション不全」に関しては、中年男性の学習能力や反射神経の低下を考慮した方法論が必要です。〝環境整備〟や〝システム化〟など、会話力を底上げする施策を実践した上で、効果が高くシンプルな会話テクニックに集中するというのが基本的な考え方となります。

この方法を実践することで、初対面の女性と三分しか会話が続かなかった四六歳の男性が、何時間でも楽しく女性と会話できるようになりました。中年男性が無理なく会話スキルを上げる方法なのです。

「慢性的な出会い不足」の解消法としては、出会いの場の取捨選択が重要です。まずは、年齢などの〝スペック〟で業者や女性から選別される場を避けます。例えば、婚活パーティーや結婚相談所などです。

誤解している人も多いようですが、女性が相手選びで重視するのは、実は「価値観が合うかどうか」。これは、各種の実態調査で明らかになっていることです。この「価値観が合う」をきっかけに交流がはじまる場を、出会いの場のメインステージに据えます。

そして、同時にインターネットをフル活用して〝生産性〟を上げます。生産性を上げるとは、アプローチの数を増大させることを意味します。年齢が上がるにつれ恋愛の勝率は下がりますから、それをインターネットのスケールメリットを利用して圧倒的な数でカバーするということです。

その一つの具体策が、ｍｉｘｉ（ミクシィ）やＧＲＥＥ（グリー）などのＳＮＳの活用です。SNSとはソーシャル・ネットワーキング・サービスの略で、いわばインターネット上の社交場です。SNS大手二社の会員数は合計四〇〇〇万人以上。日本最大のコミュニケーション・インフラといえます。

そして、これらSNSでは「価値観が合う」をきっかけにして交流がはじまるさまざまな機能が提供されています。

SNSの女性ユーザーの七割が、SNSを「異性との出会いの場」であると認知していることをご存じですか？　実際に、SNSで多くの出会いが生まれているのをご存じですか？

四四歳の公務員の男性と二九歳の客室乗務員、四八歳の自営業の男性と三四歳の元レースクイーン……私の相談者の間では、SNSで出会い、恋人関係に発展したケースが山ほどあります。

私自身も、四〇代半ばのごく普通のおじさんでありながら、海外で人気のモデル、地方のテレビ局出身の女子アナ、秋葉系のアイドル歌手、日本三大ミスコンのファイナリストなど、数多くの高嶺の花たちとSNSで出会い、彼女にすることができたのです。

「価値観×ネット」。これが、中年男性の出会いを抜本的に変える戦略です。

加齢臭じゃなく、フェロモンを出そう！

では、こうしたノウハウを活用し成功するとどうなるのでしょうか？

先の五〇代の男性は、三〇代後半の女性を恋人にし、こんな羨ましいことを私に言いました。

「自分は枯れていく一方だと思っていたけれど、年下の彼女と付き合って〝眠っていたオトコ〟が目覚めたんですよ。自分はこんなにも征服欲が強かったのかと驚かされましたね」

そして、こうも言うのです。

「生きながらにして、生まれ変わった気分だよ」

四〇歳を過ぎてからの恋愛は、まさに「第二の青春」です。「第二の人生」と言ってもいいかもしれません。人生の折り返し地点を越えてから恋愛したものにしか味わえない貴重な体験です。

自分自身を振り返ってみると、私は四〇歳まで「会社がすべて」という狭い世界に住んでいました。森羅万象が三六〇度としたら、一五度くらいの視界しかなかったと思います。

しかし、四〇歳からの恋愛にチャレンジした結果、「第二の人生」とも呼べるいろいろなものが私にもたらされました。

私も先の五〇代の男性と同じ心境です。つまり、四〇歳を境にして、「生きながらにして、生まれ変わった」のです。少し大げさな物言いかもしれません。でも、まぎれもない実感です。


この本に書かれているのは、中年男性がモテるための方法です。

と同時に、「第二の人生」を手にする方法でもあります。

自然のまま、あるがままに流されていくのではなく、美容・医療・服飾技術、ビジネスの現場で研ぎ澄まされたコミュニケーション・メソッド、そしてインターネットという文明の利器を最大限に活用して、加齢現象を迎え撃ち、大人の男としての魅力を高めていく。そして、第二の青春、第二の人生を手中にする。これがこの本の目指すところです。

本のテーマを一言でいうならば、

加齢臭じゃなく、フェロモンを出そう！

恋するおじさんが一人でも増えて、この世の中が少しでも明るくなればいいなぁ〜

という願いを込めて、「四〇歳からのモテる技術」を次章より紹介します。

第2章

おじさん臭い外見を一新する逆転のセオリー

外見を一新するための意識改革とは?

この章では、おじさん臭い外見を一新するために、加齢現象に対抗する美容や医療的な手法、おじさん臭く見える原因と、それを解消するためのイメージアップのセオリーや服飾技術について取り上げます。

本題に入る前に、まず「意識改革」の重要性について説明しましょう。

女性、特に若い女性が中年男性にレッドカードを突きつける理由の一つに、「おじさん臭い外見」というものがあります。この場合、姿形の美醜ではなく、おじさん臭い服装や髪型など美容やファッションのセオリーを知らないこと、肌のシミなどの加齢現象を放置していることが原因です。

内面を劇的に変えることが難しい一方で、外見を変えることは比較的容易です。

例えば、髪型や服装を変えてみる。姿勢をしゃんとする。それだけでも見栄えは大幅に変わります。見た目の印象が変わると、女性からの評価がぐんと上がります。

しかも、お金も時間もそんなにかからない。やらない手はないと思うのですが、意外にも、外見を変えればモテるようになるとわかっていながら、多くの男性は何もしないままなのです。

なぜでしょうか?

実はそこに、モテない大きな原因が隠されています。越えられない「心理の壁」があるのです。

「ありのままでいい」という心理の壁

外見を変えることに対して、けっこう多くの中年男性が「何も、そこまでして」と腰が引けてしまうのです。「男は中身で勝負だよ!」と言う人もいます。自らの「こだわりは曲げられない」という人もいます。

しかし、そういう人たちも、

就職活動のとき、リクルートスーツを着ていましたよね?

そうしないと、中身がどんなによくても企業に受け入れてもらえないからです。自分が「選ばれる」という立場をよーく自覚して、面接官の視点で自分の服装を選んだからです。

恋愛だって同じです。

女性に「選ばれる」という立場を自覚して、女性の視点で服装や髪型を選ぶべきなのです。

これからデートする女性は家族ではありません。「ありのままの自分」で受け入れてもらえるハズがありません。モテたいと思ったら、モテるという目的に対して合理的な行動を取るべきなのです。

そうした意識改革ができたとき、ある意味、すべてが変わります。そのとき、モテるおじさんへの道が開けることでしょう。

「この人、ふるっ」と言わせない髪型

早い人で四〇代、遅い人でも五〇代、六〇代になると気になるのが加齢臭です。この加齢臭について、面白い表現をテレビで見たことがあります。

「加齢臭を例えると?」と聞かれた若い女の子が、「『この人、ふるっ』っていう臭い」と答えていたのです。

はじめて聞いたとき、思わず大爆笑してしまいましたが、中年男性の恋愛助っ人を自任する私には聞き流せない話。なぜなら、年を取れば誰しも体中に「この人、ふるっ」という爆弾をいくつも抱えてしまうことになるからです。

「この人、ふるっ」の原因は、加齢による自然現象もあれば、ファッションのセオリーを知らないことによるものもあります。自然現象に原因がある加齢臭については後で説明するとして、まずは、セオリーを知らないため、おじさん臭い印象を抱かせてしまう髪型について説明しましょう。

髪型のセオリーは、サイドとトップの〝厚み〟の比率にあります。これが、おじさん臭いかそうでないかの印象を大きく左右します。

「サイド」とは頭の横の部分、「トップ」とは頭の上（頭頂部）の部分のこと。おじさん臭い人の髪型は、サイドが膨らみ、トップが薄い。サイドの比率が高いのです。若く見える人の髪型は、サイドが押さえられて、トップに厚みがある。つまり、トップの比率が高いものです。

この「トップ・サイド比率」に注目して、周囲の人やテレビに出ているタレントを観察してみてください。きっと合点がいくと思います。

お洒落な人はトップに厚みを作っていますが、おじさん臭く見える人は、トップを

髪型のトップ・サイド比率

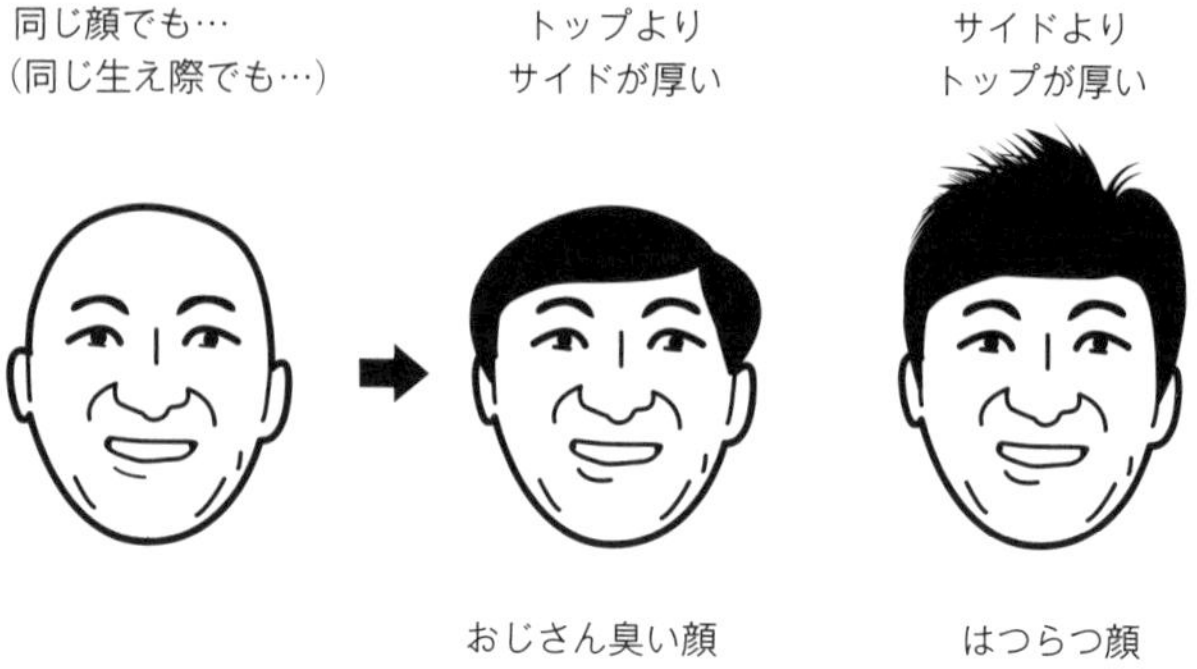

おじさん臭い人と若々しい人では、頭の上(トップ)と頭の横(サイド)の厚みの比率が真逆の関係にある。トップに厚みを作り、サイドを押さえるのがスタイリングのポイント。

ベタっとポマードなどで押さえつけていてサイドが膨らんでいるのです。

これは、どんなタイプの髪型であろうと共通して言えることです。この「トップ・サイド比率」が適正であれば、横分けだろうが、オールバックだろうが、長髪だろうが、ショートだろうが、あとはあなたのお好み次第というわけです。

髪型のセオリーは、けっして難しいものではありません。この「トップ・サイド比率」に着目して、理容師さんに相談したり、ドライヤーやスタイリングフォームを使ってセットしてみてください。もう二度と「この人、ふるっ」と若い女の子に言われることはないでしょう。

「メガネ三分の一の法則」をマスターせよ

もう一つ、重要な黄金比率があります。それはメガネに関するものです。

その昔、「メガネは顔の一部です～♪」という、メガネ販売店のコマーシャルがありました。たしかに、メガネは顔の一部なので顔の印象を大きく左右しますよね。特におじさん世代にとっては非常に重要です。

なぜなら、メガネは「その他大勢のオッサン」と「お洒落なオジサマ」とを真っ二つに分ける重要なポイントだからです。

にもかかわらず、「メガネの選び方」を知らない人が多いのが現状です。その一因は、主婦が野菜を買うように頻繁に買うものじゃないので、選び慣れていないこと。

しかし、根本的な原因は、セオリーを知らないことにあります。

そこで、本題。メガネ選びのセオリーです。

私が「メガネ三分の一の法則」と呼ぶセオリーを紹介しましょう。

メガネ3分の1の法則

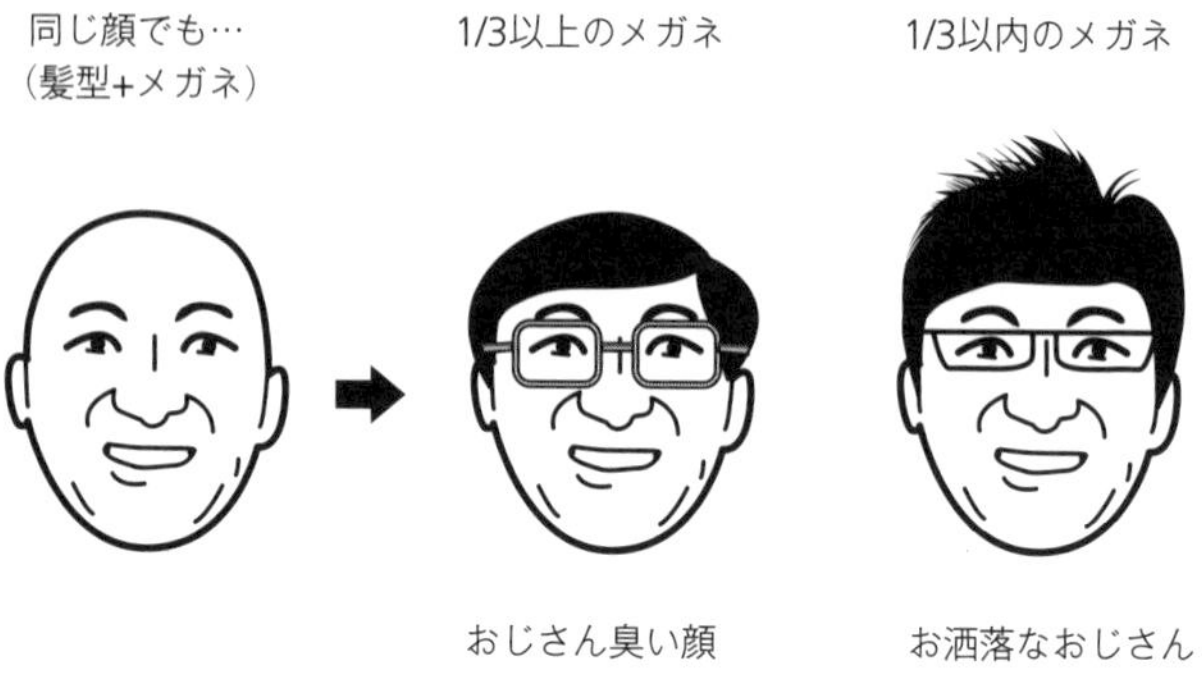

メガネの縦の長さは、眉間からアゴまでの長さの3分の1が適切。お洒落なおじさんに見えるか否かの分かれ目だ。メガネの横幅はジャストサイズを選ぶこと。

メガネの横の長さは自分の顔の幅に合わせます。この横の長さに関しては、たいていの人がジャストサイズを選ぶことができます。ぴったりのサイズでないと、ずり落ちたり、きつかったりするからです。

ポイントは、縦幅、メガネの縦の長さです。縦の長さを、眉間からアゴまでの長さの三分の一以内にする、というのがポイントなのです。

これより長いと、おじさん臭いメガネ顔になってしまうんですね。「アラレちゃんメガネ」を覚えていますか？ 簡単にいうと、あのサイズ感です。

この「メガネ三分の一の法則」を守っていれば、フレームの形、素材や色はあなたのお好みで。

参考までに、顔の濃い人は薄めの色のフレーム、つまりシルバーメタルやふちなしメガネ。逆に顔の薄い人は、濃い色目のフレームが似合うと言われています。顔の濃い薄いを、メガネで調整するということです。

また、シルバーメタルは知的で真面目そうな雰囲気を、黒のセルフレーム（プラスチックのフレーム）はちょい悪っぽいやんちゃなイメージを醸し出しますが、都内で実施された若い女性一〇〇人を対象とするアンケートでは、シルバーメタルに圧倒的に軍配が上がっています（「眼鏡Ｂｅｇｉｎ」二〇〇九年ｖｏｌ．６より）。こちらも参考にしてください。

次のセオリーに移る前に質問を一つ。

この答えに、老け顔を若返らせるヒントが詰まっています。

大人気、予約困難のカリスマ美容師でも絶対にできないけれど、近所の床屋さんが当たり前のようにできる「一〇歳若返って見せる技術」とは何でしょうか？

近所の床屋さんを利用して一〇歳若返る方法

近所の床屋さんが当たり前にできる「一〇歳若返って見せる技術」。その答えは、「顔そり」です。

中年男性の老け顔を若返らせる鉄則その一は、「顔のくすみを消して明るくする」こと。具体的には、細かい産毛を除去して、皮膚のいちばん表面の角質層をはぎ取るのです。これはつまり、顔そりに他なりません。

たかが顔そり、と侮るなかれです。顔のくすみを取り明るくすることで、見違えるように見た目が若返ります。金属の表面にできた細かいサビをやすりで磨くと明るく輝くのと同じ理屈です。

この顔そりは法律上、美容師には行うことが許可されていません。また、われわれがヒゲそりで毎日使っている「T型かみそり」はヒゲ専用なので、細かい産毛を処理するのには適していません。

つまり、顔そりは理容師の専売特許の技術ということです。近所の床屋さんは、風船にシェービングクリームを塗って、それを割らないようにクリームだけをかみそりでそぐことができるほどの技術を持っています。「いやー、床屋は……」と思う人もいるかもしれませんが、実は顔そりだけでも行く価値があるんですよ。

床屋と美容院のどちらに行くべきか？

床屋と美容院というと、どんなイメージを持ちますか？

一般には、床屋は男性専用、美容院は女性向け。床屋は七三分けなど、流行から疎いイメージ。美容院はお洒落な人が行くところというイメージがあるようです。

では、モテるおじさんを目指すには、どちらに行くべきでしょうか？

私は、「デザイン力のある店」をお勧めします。

従来からの床屋（理容店）、美容院という区分けはあまり意味がなく、一人ひとりのお客さんに合った髪型をデザインする技術があるかどうかのほうが重要です。腕がいい人に任せるという、ある意味、当たり前の話です。

特におじさん世代は、髪が薄くなったり、薄くなっていく位置も、前からだったり頭の上からだったり。白髪の生え方から、髪のコシ、顔の老け具合にいたるまで、個人差が激しくなるので、一人ひとりに合った髪型のデザイン力は重要な要素です。

私がカウンセリングした五〇代前半の男性は、美容院で若手イケメン・タレント風の髪型にしました。

当初、本人は「劇的に若返った」と大喜び。しかし、周囲の反応が思わしくないので、仲のいい二〇代の女性に思いきって訊ねたところ、顔や雰囲気に全然合っていなくて「髪は二〇代でも顔は五〇代」「ウィッグ（かつら）をかぶっているみたい」と言われたそうです。

髪型単体で見ればいいものでも、顔や雰囲気に合っていないと意味がないということです。「一人ひとりの個性にあったデザイン力」は、重要なことなのです。

では、ここで「デザイン力のある店」を一発で見抜く、とっておきのコツを紹介しましょう。この業界で世界的に有名な知人から教えてもらった方法です。

それは、営業終了後に、店長やスタッフが居残りをして練習している店。そして、コンテストに積極的に参加している店です。これはデザイン力や技術力の向上に熱心に取り組んでいるという何よりの証だからです。

大人の男のための、まゆ毛そりのススメ

顔そりに関わる若返りの秘訣がもう一つあります。それは、まゆ毛そり。私は、おじさんにもまゆ毛そりを勧めています。見た目がぐっと若返るからです。

というと、拒否反応を示す人が少なからずいます。私の相談者の方たちも、一様にイヤな顔をします。その昔、まゆ毛をそるのは怖いヤンキーのお兄さんの定番でした。あの異様な顔や、カツ上げされたときの恐怖感を思い出すからでしょうか。

しかし、私が勧めるのは純然たる老化対策です。あの極細《ごくぼそ》のまゆ毛にしましょうという提案ではありません。

年を取ると、目の周りの筋肉が弱まり、目尻がだらりと下がります。好々爺ぶりをアピールするにはいいのですが、それはイコール、年を取った、老けたということ。

この老化現象を補正するのが、まゆ毛そりです。

まゆ毛の両端の下、つまり垂れ下がった部分をカットします。すると、目尻が上がり、若々しく見えるのです。

デザイン力のある理容店で、顔そりと一緒にまゆ毛も整えてみてください。まゆ毛専門のカット店もあります。そこを利用するのもいいでしょう。そり終わった後には、ヤンキーでも、おじいちゃん顔でもなく、若かりし頃を彷彿させる自分の顔を鏡の中に見いだすことができるでしょう。

中年男性の重大問題「薄毛」に打ち勝つ

多くのニッポン男子をひそかに悩ませているのが「薄毛」です。

しかし重要な関心事であるのに、ほとんどの人は薄毛が治療可能であることを知りません。でも、そういう時代なんです。

一般的に、薄毛対策には三つのアプローチがあります。

1 — かつらをかぶる
2 — ヘアスタイルを工夫する
3 — 薬で治療する

このうち3の薬で治療できることが、あまり知られていません。すでに、日本でも治療薬として承認されているにもかかわらず。タレントの爆笑問題が、テレビCMしているにもかかわらず。多くの人がその存在を知りません。

代表的なのは次の二つです。

・飲み薬――プロペシア（万有製薬）
・塗り薬――リアップX5（大正製薬）

飲み薬のほうは医療用なので、医師の処方が必要です。後者の塗り薬は一般用医療品なので薬局で買うことができます。お医者さんに行くと、「併用するといいよ」とアドバイスされます。相乗効果があるからです。

告白します。

実は、私はこの薄毛治療をしています。飲み薬と塗り薬の両方を使っています。

親戚縁者にハゲている者が多く、将来は自分もハゲると予想。二〇代後半から熱心に頭皮マッサージをしたり、育毛促進トニックを使ったりしていたものの、四〇歳手前あたりから、「朝起きると、髪の毛が枕にびっしりはり付いている」「鏡を見るたび、生え際が後退」と薄毛が進行し、本当に寂しく切ない思いをしました。秋が深まり、葉っぱがパラパラと落ちている風景を連想し、「とうとう、人生の冬に突入か……」なんて思ったものです。

そんなわけで、本格的な治療開始となりました。治療をはじめて三年たち、生え際は前進、髪の量も目立って増えています。

私は子供の頃からハゲることが怖かった。神さまはなぜ、持つ者と持たざる者を作ったのか、うらめしく思ったりもしたものです。

でもいまでは、薄毛が治療できる時代に生きていて本当によかったと思っています。

もし、時代が違っていたら恋の土俵を下りていたかも。薄毛のおじさんでもモテるなんて、思いもよらなかったでしょう。

知られざる薄毛薬の豆知識

・飲み薬――プロペシア（万有製薬）

プロペシアの効果（AGAの改善・維持の割合）

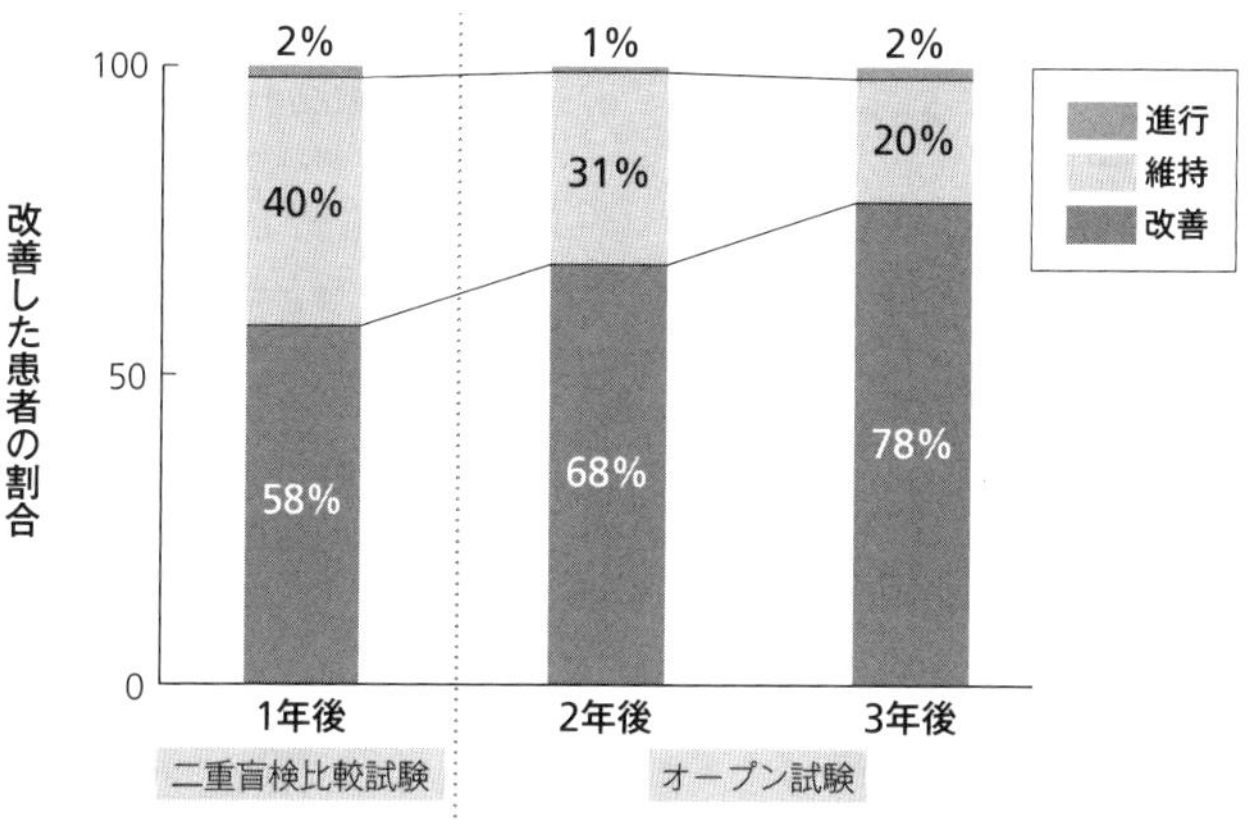

「国内長期投与試験におけるプロペシア1mgの効果（頭頂部写真評価）」によれば、プロペシア1mgを1日1回1錠服用した人の98%で、3年間AGA（男性型脱毛症）の進行なし。
出典：万有製薬ウェブサイト

成分名はフィナステリド。「プロペシア」というのは商品名です。

手に入れるには医師の処方箋が必要で、脱毛症と診断されることが必要です。効果はというと、もちろん個人差はありますが、日本における試験の結果、三年間飲み続けると、七八パーセントの人に改善効果。現状維持の二〇パーセントを加えると、九八パーセントの人に何らかの効果があることになります。

この三年間というのがやや曲者で、効果には時間がかかるという

リアップX5の効果（使用24週後の医師の評価）

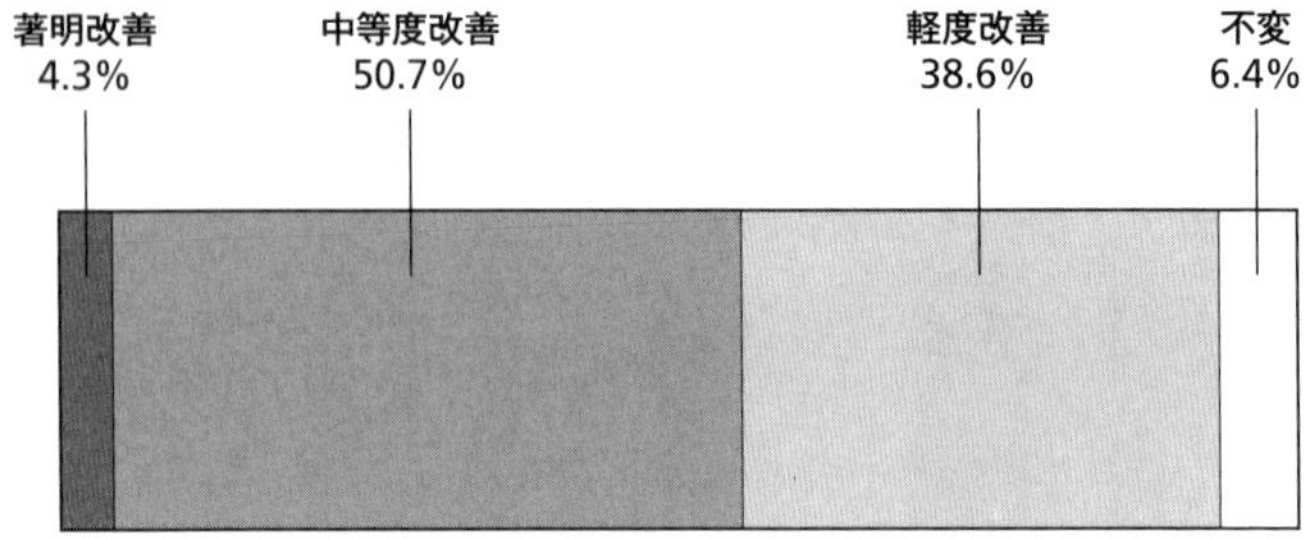

頭皮の薄くなった領域がほぼ完全に覆われる「著明改善」、薄くなった領域で発毛がはじまる「中等度改善」、薄くなった領域がかなり覆われるということはないものの軽微な毛髪成長が確認できる「軽度改善」を合わせ、約94%のリアップX5（ミノキシジル5%製剤）使用者に24週間で発毛効果があった。
出典：大正製薬ウェブサイト

ことなのです。薬を飲みはじめて半年たってから効果が実感できた、というのもよくある話です。また、薬を飲むのをやめると元に戻ると言われています。飲み続ける必要があるということです。

ちなみに、費用は月におおよそ一万円。保険の適用外です。月に一万円をどう捉えるか、髪の毛とお金を天秤にかける必要があるということです。

・塗り薬——

リアップX5（大正製薬）

成分名はミノキシジル。「リアッ

プX5」というのは商品名です。

こちらは医師の処方箋はいりません。いわゆる「一般用医薬品」ということで、薬局で買うことができます。

成分のミノキシジルは、アメリカのFDA（食品医薬品局）で、薄毛に改善効果があると塗り薬の中で唯一認められているもの。もともとは高血圧の治療薬として開発されましたが、多毛症を引き起こすことから発毛に利用されました。

効果としては、二四週間服用後で改善効果は約九四パーセント。ただし、改善といっても幅が広いのでこの点は注意が必要です。

「ハゲは精力絶倫」は誤解です

ここで、世間にはびこる誤解にひとこと。

ハゲの男は精力が強いと言われています。この言葉の裏には、「どスケベ」とか「エロじじい」とか、ネガティブなニュアンスが漂っていますが、「ハゲ＝スケベ」説は単なる俗説であると、私は擁護派の一人として強く申し上げたい。

では、なぜ「ハゲは精力絶倫」と思われているのでしょうか？

それは、髪の毛の薄い男性も精力絶倫男も、同じく男性ホルモンが多いことが原因だと思われているからです。

しかし、精力に関係する男性ホルモン、つまりテストステロンというホルモンは、薄毛の直接の原因ではありません。テストステロンが、ある酵素の作用で別のホルモンに変わり、そのホルモンが抜け毛につながるのです。

このある酵素（5アルファ還元酵素）が真の悪玉であって、精力ホルモン（＝テストステロン）犯人説は俗説です。「ハゲは精力絶倫」という疑惑は晴らされるべきものなのです。

しかし、思い込みというのは恐ろしいものです。

実は私も、以前は男性ホルモンがハゲの原因で、薄毛治療は精力ダウンにつながると思っていました。

このため、自分の息子が不甲斐ないとき、「薄毛治療薬の副作用だ」とあらぬ疑いをかけたものです。

その後、どんどん息子は元気を失っていきました。おやじがダメなヤツだと息子を叱り続けると、本当にダメになってしまうようなもの。いわゆる偽薬効果というやつですね。薄毛治療と精力低下は無関係ということがわかった途端、私の息子は本来の輝きを取り戻したのです。

いずれにしても、世間のみなさま方、特に女性たちに申し上げたい。

「いやらしい目つき」はあっても、「いやらしい頭」はありません。「ハゲは精力絶倫」は俗説です。どうかこの日を境に薄毛の男性に温かい目を向けてくださいませ。

「薄毛」について、最後にもう一つ伝えたいことがあります。

薄毛の男性には断然ショート

「最も印象に残る総理大臣は？」と聞かれたら、私は真っ先に、中曽根さんと答えます。首相としての業績はもちろん、あの堂々とした風格。欧米の首脳と並んでも引けを取らない姿に、頼もしさを感じたものです。当時はまだ、欧米に対するコンプレックスが根強くありましたから。

が、しかし、「バーコード」と呼ばれたあの髪型はいただけませんでした。

薄い頭頂部に、側頭部から伸ばした髪をポマードで無理やりなでつけたあの髪型。いまでも女性に不人気な髪型です。卑屈な感じがすると評判よろしくありません。

薄毛を経験したいま、私にはその気持ちが痛いほどわかるようになりました。でも当時は、「そうまでしなくても」と思ったものです。

このバーコードのように、髪を長くすると髪の薄さが目立ちます。

前髪は「先割れ」といって、前髪の先端の部分がまとまらず、さらに毛の根元に向かって地割れしたような状態になり、かえって髪の薄さを感じさせてしまいます。

頭頂部は、髪の黒さが白い地肌を目立たせます。黒色と白色のコントラストの強さが薄さを強調してしまうのです。

薄毛をカバーするなら、髪型は断然ショートです。髪と地肌のコントラストを弱めるからです。

前髪が短いので「先割れ」も防げます。そして、短いほうがスタイリングフォームで立たせやすく、頭頂部にボリューム感を持たせることもできるのです。

事情が許せば、明るい色に染めるのも効果的です。こちらも髪と地肌のコントラストが弱まり、薄さが目立たなくなるからです。

かつらという禁忌《タブー》をやぶる

バーコードな髪型の話をすると、「そもそもないんだから」と、年配の相談者からお叱りをいただくことがあります。「ショートがいい」「染めるのも効果的だ」という以前の話だろう、ということです。

また、飲み薬や塗り薬による薄毛対策は時間がかかりすぎという意見もあります。

こうした状況を一気に形勢逆転するのなら、かなり踏み込んだ施策が必要となります。つまり、ある意味、一線を越える必要があるということです。

具体的には、「かつら」と「植毛」という領域です。まずは「かつら」の話からはじめましょう。

かつらは、近くて遠い世界です。

近いというのは、テレビCMでお馴染みだということ。かつらメーカーのコマーシャルを見ない日はないというくらい、テレビでガンガン流れています。非常に近しい世界です。

しかし、身近にかつら使用者がいる人を除くと、それは多くの人にとって遠い世界の存在です。日常生活の中で、「あの人、かつらだよ」とか、「おれ、ズラだし」と大っぴらに語られることはありません。かつら疑惑の芸能人も噂になりますが、それもたまに週刊誌に出る程度です。

根底には、バレたら恥ずかしいとか、触れちゃいけないという意識があります。

そして、「かつらは禁忌《タブー》である」という空気が、かつら使用者同士が情報交換する場がないということにつながっているのではないかと思います。どのメーカーの製品がいいのか、アフターサービスはどうなのか、費用は適正なのか。こうした大切な情報がシェアできないということです。

また、「バレたら恥ずかしい」というのは、当の本人にとってつらいことです。しかし、実は本人が気にするほど周囲は気にしていないというのが、実情ではないでしょうか。

私の相談者の中にも、かつらの人が何人かいますが、女性にバレても「意外に大したことなかった」という意見が圧倒的多数です。

四〇代前半のある男性は、「替えのかつらを洗面台に置きっぱなしにしているところを彼女に見られちゃったんです。でも大爆笑されてそれで終わりですよ（笑）」で、今では二人にとっていい思い出話になっているそうです。

彼らに言わせると、陰にこもって悩むより、バレたときの語り口を考えたほうがいいし、「先んずれば人を制する」の精神で自ら宣言するのもいいと言います。

これが上手なかつらとの付き合い方、共生のポイントであるようです。

では次に、かつらの種類とその特徴を説明します。

かつらの種類とその特徴

かつらは、大きく次の三つのタイプに分けることができます。

1—留め金で頭に固定するタイプ
2—残っている髪に編みこみするタイプ
3—帽子のように、すっぽりとかぶるタイプ

1と2は、テレビCMで見かけるものです。どちらも、一カ月に一回程度、残っている自毛の散髪をかつらに合わせて行う必要があります。

また、かつらはオーダーメイドのため、一個が数十万円しますし、替えのかつらも

必要です。このため、かなりの出費を覚悟する必要があります。

1と2の差は、着脱できるかどうかにあります。

1はお風呂に入るときや寝るときに外すことができます。逆にいうと、「帽子と一緒にかつらが外れた」など、持ち主の意向に反することがあるということです。

逆に、2はずっとかぶったままなので、外したときのすっきり感を味わうことができません。一方で、かつらをかぶったまま水泳もできますし、嵐の日でも吹っ飛ばないという点が利点です。

3は、いわゆるファッション用のかつら。お洒落グッズの一種です。

私の知り合いは、普段は何もつけず、ナンパのときだけにこれをかぶるそうです。深い仲になった後は、女性はハゲを気にしないから、第一印象を良くするだけで十分だというのが彼の持論です。一理ありですね。ちなみに、こうした「かつら」は安くて、一万円を切るものが主流です。

薄毛対策の第四の道＝植毛

薄毛がかなり進行した場合のもう一つの選択肢が、「植毛」という医療行為です。

薬による治療、ヘアカットによる工夫、かつらに続く第四の方法です。

植毛とは、後頭部や側頭部に残った毛の毛根を、髪の毛のない部分に手術で移植する方法です。

人の毛は一～三個ほどの毛根（正しくは毛包）が一セットになっています。これを切り分けて一個の毛根単位にし、毛のない部分に移植するのです。その様子は「田植え」に似ています。苗床で育てた稲を、一本ずつ分けて田植えするイメージです（『専門医が語る毛髪科学最前線』板見智著・集英社新書より）。

私は過去に植毛を検討したことがあります。経験者の手術前と手術後の写真を見たとき、あまりの違いに驚いた覚えがあります。それはそれで魅力的だったのですが、気軽にできるものじゃないので、薬による治療を選んだわけですが。

植毛はリスクがありますし、費用もそれなりにするので（私の場合、一五〇万かかると言われました）、専門家の意見をよく聞いた上で検討することをお勧めします。

白髪染めの大いなる誤解と危険性

良かれと思ってしたことが、かえって逆効果だった。この不条理ともいえる現象が白髪染めで起こることがあります。若返りたいと思ってしたのに、かえって見た目を老けさせてしまうということが起こりうるという意味です。

ポイントは、白髪染めの溶液の性質。

それがアルカリ性なのか酸性なのかにあります。

白髪染めの溶液がアルカリ性の場合、髪の毛の潤いと艶が失われます。こうした溶液を広い範囲に大量に使っている場合、雑然とした枯れた雰囲気を醸し出し、老けて見えるのです。

アルカリ性の白髪染めは、「家で簡単にできる」を売り文句にしているものに多く使用されています。

生え際などのワンポイントに使用する分にはたいへん便利なのですが、広範囲に使うときは注意が必要です。私の相談者で、ワンポイント専用のものを髪全体に、しかも指定の回数よりも多い頻度で使用したため、「手入れの悪い荒れた庭」のような状態になってしまった人がいます。

一方の酸性の白髪染めの代表選手は、ヘアマニキュアと呼ばれるものです。髪の毛を傷めるアルカリ剤が入っていないので、髪を傷めずに白髪を染めることができます。また、ツメにするマニキュアと同じように髪の毛に艶を与えます。

しかし、酸性の白髪染めは、自分で染めるのが難しいという弱点があります。髪の毛以外のところに溶液が付着すると落としづらいからです。このため、ヘアマニキュアは自分でするより、ヘアサロンや美容院でやってもらうことをお勧めします。料金は数千円程度。時間にして三〇分くらい。散髪のついでに気軽にできる範囲です。

陰毛やヒゲの白髪を染めたいときは……

余談ですが、私は酸性とアルカリ性、両方の白髪染めを使っています。髪の毛には、言うまでもなくヘアマニキュアを。「家で簡単にできる」白髪染めは陰毛に使っています。

思い起こせば、あれは四〇歳の誕生日の出来事でした。陰毛に白い毛が数本交じっていることに気づいたのです。四〇歳という節目の印、いい大人になった印。私の場合、それは陰毛の白髪だったのです。

こちらの毛はパンツをずり下げて人さまに染めてもらうのは気が引けるし、膨大な数の白髪があるわけでもないので、「家で簡単に」の白髪染めを重宝しているのです。適材適所の使い分け、白髪染めにもこの考えは当てはまります。

ただし、白髪染めの製造元は、髪の毛以外の部分に白髪染めを使わないように、としています。頭皮より他の皮膚のほうが敏感で、白髪染めで炎症を起こすことがあるからです。

また、まゆ毛を染めようとすると眼に入る危険性があります。鼻毛は鼻の中が粘膜なので、皮膚よりさらに危険です。

陰毛の白髪染めは、あくまでも私の個人的な体験談です。下半身のジュニアを危険にさらしていることを百も承知で、自己責任の範囲でやっているので推奨はしません。あくまでも参考までに、ということで。

ちなみに、製造元への問い合わせでいちばん多いのはヒゲの白髪染めだそうです。

もちろん回答は、白髪染めをヒゲに使わないように、とのこと。ヒゲの白髪を染めたいのなら、一部のヘアサロンでやっているのでそちらをお勧めします。地肌を保護するクリームを塗った上で、綿棒を使って一本一本染めてくれます。興味があれば、近くのヘアサロンに問い合わせてください。

生涯現役のキーワード、肌のハリとツヤ

「キャスターの小林麻央が結婚」と聞いて、ショックを受けたオジサマは多かったのではないでしょうか?

実は私もその一人。そして、その相手が海老蔵と聞いてさらにショックを受けたものです。当時、海老蔵といえばプレイボーイの代名詞。その女性遍歴にはずらーっと究極の美女ばかりが並びます。

しかし、よくよく考えると、海老蔵に限らず歌舞伎役者ってかなりモテます。たびたび、彼らと女優やモデルとの恋の噂がマスコミを賑わせます。ある大御所に至っては、七〇歳のときに二〇歳の美女とのホテルでの密会が写真週刊誌にすっぱ抜かれたことがありました。まさに〝生涯現役〟です。

さて、モテモテの歌舞伎役者さんたち。見た目がとっても若々しい。年を取っても華やかさがあります。その秘訣はいったい何でしょうか?

それは、次のページのイラストにあります。この顔を見てください。

半分冗談で、半分本気です。

歌舞伎役者から学べること

見た目がとっても若々しく、女性にモテモテな歌舞伎役者たち。その秘訣は、普段から表情筋を鍛えていることによる、肌のハリにある。

秘訣その一は、肌の「ハリ」。歌舞伎役者は、顔の表情を大きく使って喜怒哀楽を表現します。こうした表情を繰り返し作ることによって、顔の筋肉、つまり表情筋が鍛えられて、顔全体にハリが出るのです。

年を取ると、顔の筋肉がユルんでしまい、目尻が下がったり、ほほがユルんだりして「おじいちゃん顔」にどんどん近づいていきます。

しかし、表情筋が鍛えられるとハリが出て、いつまでも若々しさを保つことができるのです。

もう一つ、若々しく見える肌の

ポイントは、ツヤ（艶）です。

「年を取ることは水分を失うことだ」という人がいます。

赤ちゃんのときには体の八〇パーセントが水分です。人生の中で最も瑞々しい時代です。これが成人になると六〇パーセントにまで落ち、晩年は五〇パーセントを切ってしまいます。

人は年を取ると水分を失っていき、徐々に乾燥していくのです。軒先につるした柿が乾燥するにしたがって、徐々にシワシワになって萎んでいくのに似ています。

この加齢による脱水現象が、如実に現れるのが他でもない肌です。乾燥し、瑞々しさを失い、老けた印象を相手に与えるのです。

もし、鏡を見て「乾いてるな〜」と感じたら、保湿性のあるスキンローションを朝と晩に使ってください。乾燥を防ぎ、肌の水分をキープするのに効果がありますよ。

まとめると、若々しく見える肌には二つのポイントがあり、両方が大切だということになります。

・表情筋を鍛えて顔に「ハリ」を出す

・スキンケアをして顔に「ツヤ」を出す

ハリだけでもダメ。ツヤだけでもダメ。二つ揃ってはじめて、われわれも歌舞伎役者のように生涯現役を目指すことができるのです。

ハリとツヤ。ツヤとハリ。

この二つがあれば、あなたはいくつになっても恋愛という舞台に上がり続けられるでしょう。さあ、明日から海老蔵のように大見得切って、がんばりましょう。

でも、「オマエ、何やってんだ!」って、上司に怒られないようほどほどに。

レッツ表情筋体操!

顔には五七個の表情筋があります。腹筋と同じように筋肉そのものです。

腹筋は、年を取るとユルんできます。腹筋がユルむと内臓の重みを支えきれず、お腹まわりがだらりとユルみ、メタボになってしまいます。

同じように、表情筋も年とともにユルんできます。表情筋の、例えば眼の周りの眼輪筋がユルむと目尻がだらりと垂れ下がり、老け顔になってしまうのです。

この加齢現象を抑え込むには、エクササイズ、筋肉体操が効果的です。顔の筋肉はパーツが小さいため、効果が出やすいと言われています。

そこでここでは、手っ取り早くはじめられて、老け顔防止に役に立つエクササイズを二つ紹介しましょう。

次のページから紹介するのは、目尻を上げるための運動。どちらも、毎日ほんの二～三分やるだけです。

「おじいちゃん顔」から「生涯現役」へ、がらりと路線変更をしましょう。

表情筋体操その１

人差し指を目尻、中指を眉間に置く

❶

上を見ながら10秒間、目をすぼめる

❷

老け顔防止に役立つエクササイズ。上の❶と❷を５回繰り返すのがポイントだ。下まぶたが縮むので、目は三日月形になるイメージを持って。

出典：『できる男の顔になるフェイス・ビルダー』（キャロル・マッジオ著・PHP研究所刊）

表情筋体操その2

生え際とまゆの間に指をほぼ水平に置く

❶

指先に力を入れて、まゆに向かって額を下げる

❷

❷で指先に力を入れるとき、その力に抵抗するようにまゆを上げるのがポイント。目は上を見る（上目遣い）。これを30秒行い、❶と❷を5回繰り返す。

出典：『できる男の顔になるフェイス・ビルダー』（キャロル・マッジオ著・PHP研究所刊）

沢尻エリカのひと言と、おじさんのシミの関係

二〇一〇年四月、女優の沢尻エリカが離婚を決意したという報道を聞いたとき、私はすごい衝撃を受けました。なぜなら、二二歳年上のダンナが「キモいから」別れたいというのです。

「何がキモいのか」

「どこがキモいのか」

肝心なところは報じられていません。それだけに、私はこの発言が「存在に対する全否定」に聞こえ、お相手の高城剛氏が同年代ということもあり、私までが「全否定」されたような気分になったものです。

このエリカ嬢、数年前に「別にぃ～」という発言が物議を醸しました。その後、彼女は深く反省。「私が諸悪の根源です」と言い残し、長い謹慎生活に入りました。

沢尻エリカが「諸悪の根源」だなんてとても思えませんが、「諸悪の根源」って身近なところに潜んでいるものです（やや強引な話の展開から、本題に入ります）。

その代表格が「紫外線」。これが、おじさんの肌をめちゃめちゃに破壊し、シミや

たるみだらけの「キモい」姿に変えてしまうのです。

諸悪の根源は、エリカじゃなく「紫外線」

おじさんが若かりし頃、日焼けは健康な印でした。ガンガン焼いて黒くなるのが良しとされていました。

バブル時代に、この風潮は絶頂を迎えます。顔に塗る黒いクリームさえあったくらいですから。この時代は、みんなが目指せ「松崎しげる」状態だったわけです。

しかし、「紫外線を浴びると肌に悪い」というのは、いまや常識になりつつあります。この知識が広まったのは、温暖化が進み、オゾンホールが発生した頃からでしょうか。オゾン層破壊が深刻なオーストラリアの海岸で、海水浴に来た子供たちが一様に防護マスクをかぶる姿を見て、「紫外線は肌に悪いんだ」と思った人が少なからずいたのではないかと思います。

紫外線には、肌を黒くするUV－Aと、肌を赤くひりひりさせるUV－Bという二種類があります。後者のUV－Bが日焼けの主要因で、日焼け止めの強さを示すSPF値はUV－Bをどれだけカットするかを示したものです。

紫外線を長時間浴びると、細胞やDNAまでが損傷し、肌の老化を起こすばかりか、最悪のケースでは皮膚がんさえ引き起こしてしまいます。

この紫外線に対抗するのが、肌の表面にある「メラニン」という色素です。女性の化粧品のコマーシャルなどで、聞いたことがあるかもしれません。このメラニンが、肌を破壊する紫外線に対する頼もしい抵抗軍なのです。

しかし、年を取ると新陳代謝が悪くなり、メラニンの抵抗力が弱まります。紫外線からの攻撃に敗れ去るメラニンが続出するということです。結果、死に体のメラニンが沈着し、シミになるのです。

男性は、古来より外でバリバリと行動するものです。古代には外で狩りを、現代ではこれがゴルフなのかもしれません。紫外線をたくさん浴びて、年を取ったらシミだらけの長老然とした姿になるのは、ある意味、自然の摂理です。

しかし、自然のあるがままに流されず、若い女性に「キモい」と思われたくなければ、紫外線対策が必要になります。

対抗策は「日焼け止め」です。ゴルフや野球観戦のときだけでなく、外出時には日焼け止めを塗ることをお勧めします。

やるのとやらないのでは天と地ほどの差が出ます。お金も手間もそんなにかかるもんじゃありませんし。

この話を相談者にすると、みなさん一様に、いやーな顔をします。男はガンガン日焼けして、何もしないのが男らしいんだ、日焼け止めするなんって女々しい行為だ、というニッポン男子としての正論を吐きます。

しかし、そんなに青筋立てないでください。オゾン層に穴が開いて紫外線が危険度を増しているのですから、ここはどうか、孤軍奮闘しているメラニン軍を支援しませんか。助けられるのは、われわれしかいないんですから。

シミができたら、レーザー光線！

では、できてしまったシミはどうしたらいいのでしょうか？

シミのタイプによって、医療上の対処法は異なります。例えば、平面的なシミと盛り上がりのあるシミでは治療法が違います。

シミ治療の第一歩は正確な診断になりますので、まずは専門医院で相談してみることをお勧めします。

有力な解決策の一つは、医療用レーザーです。私の知り合いは四五歳のときにレーザーによる治療をしました。術後二年たちましたが、すっかりシミは消え、若々しい顔をしています。

初回の診察で、シミの正式名称が「老人性色素斑」と聞き、「老人」と名が付くことがショックだったそうですが、施術自体は麻酔も含めて一時間で終わり。一週間で黒いかさぶたが取れ、いったんシミが元に戻ったような色素沈着ができるそうですが、半年ほどで色は抜け落ち、普通の肌の色に戻ったそうです。

私自身は、四〇歳を超えてから右目の下に大きなシミができました。皮膚科の先生に診てもらったところ、色が薄くてレーザーが効かないため、ハイドロキノンという塗り薬で治療しました。一カ月使った頃から効果が現れはじめ、色が抜けて肌の色に近いピンク色になり、シミの範囲も小さくなり、まったく目立たなくなりました。

ちなみに、シミを消すきっかけは、若い彼女に何度も勧められたからです。女性は肌の美容に敏感なので、男性の肌もしっかりチェックしているということです。

素敵なオジサマになるために、シミ対策はお忘れなきように。

バブル時代の遺物、おじさん臭いスーツを脱ごう

アウトドア・ファッションの老舗、エディー・バウアーをご存じですか？　無骨な男臭さを売り物にしているブランド。しかし、二〇〇九年からシルエットにスリムフィットを取り入れたそうです。

当初、このニュースを聞いて、「エディーよ、オマエもかっ！」と叫びたくなったのは私だけでしょうか。

スリムフィットとは、若い男性がよく着ている体のラインに張り付いたシルエットのシャツやジャケット、パンツのこと。いかにも、弱々しい、女っぽいとおじさんには不評です。

が、しかし、女性陣、特に若い女性には好評なのです。

なぜなら、女性は体のラインをキレイに見せたいので、体にフィットするサイズ感の洋服を好んで着る傾向があるからです。このため、おじさんがよく着るような「だぼっ」とした大きめのサイズの洋服には違和感があるのです。

そして、昨今のトレンド。エディー・バウアーがそうしたように、世の中のファッ

ションはスリムフィットや体のサイズに合うジャストサイズが主流です。

こうした時代の流れに上手くのっかり、女性にモテるためにはおじさん特有のファッションセンスを見直す必要があります。

おじさん特有のファッションセンスとは、若かりし頃のお洒落に興味があった古き良き時代の感覚。

その頃、日本経済は絶好調、いわゆるバブルというヤツです。世の中は「銭や、銭や」と狂乱し、より大きくという拡大志向の中、洋服のサイズも「より大きく」だったのです。

大きな肩パット、大きなシルエット（横幅）、大きなあわせ（ダブルなど）。

そして、銭をたくさん稼げるように機能優先。だから、動きやすいように大きめのサイズ。髪型も、自分の存在を誇示する孔雀のように大きなすだれ状の前髪などなど。

これが八〇年代に青春を過ごしたオジサマたちに刷り込まれたファッションセンスです。いまだこの時代の感覚で洋服選びをしている人のなんと多いことか。

いまや低成長の世の中です。

リストラ、リストラと無駄なものは排除する空気感がある中、服も虚飾を排したミニマリズムやジャストフィットが流行っています。

ファッションも、時代とともに様変わりしているということなのです。

さぁ、バブル時代の遺物と化した、だぼっとしたスーツを脱ぎ捨てましょう。

ジャストサイズのスーツの選び方

「サイズ合ってない感」が著しく出るのが、スーツです。

改めて周囲の人を見回してください。体のラインより大きめの「だぼっ」としたスーツを着ているのは、ほとんどが中高年男性ということに気づくでしょう。

女性は、太めの人でも、痩せている人でも、体のサイズに合った洋服を着ています。このため、女性たちは「だぼっ」としたおじさんスーツに、違和感と時代遅れな雰囲気を感じ取るのです。


では、体に合ったサイズ感とはどういうものでしょうか？

次のページから、イラストで説明しましょう。

ジャストサイズのスーツとは？

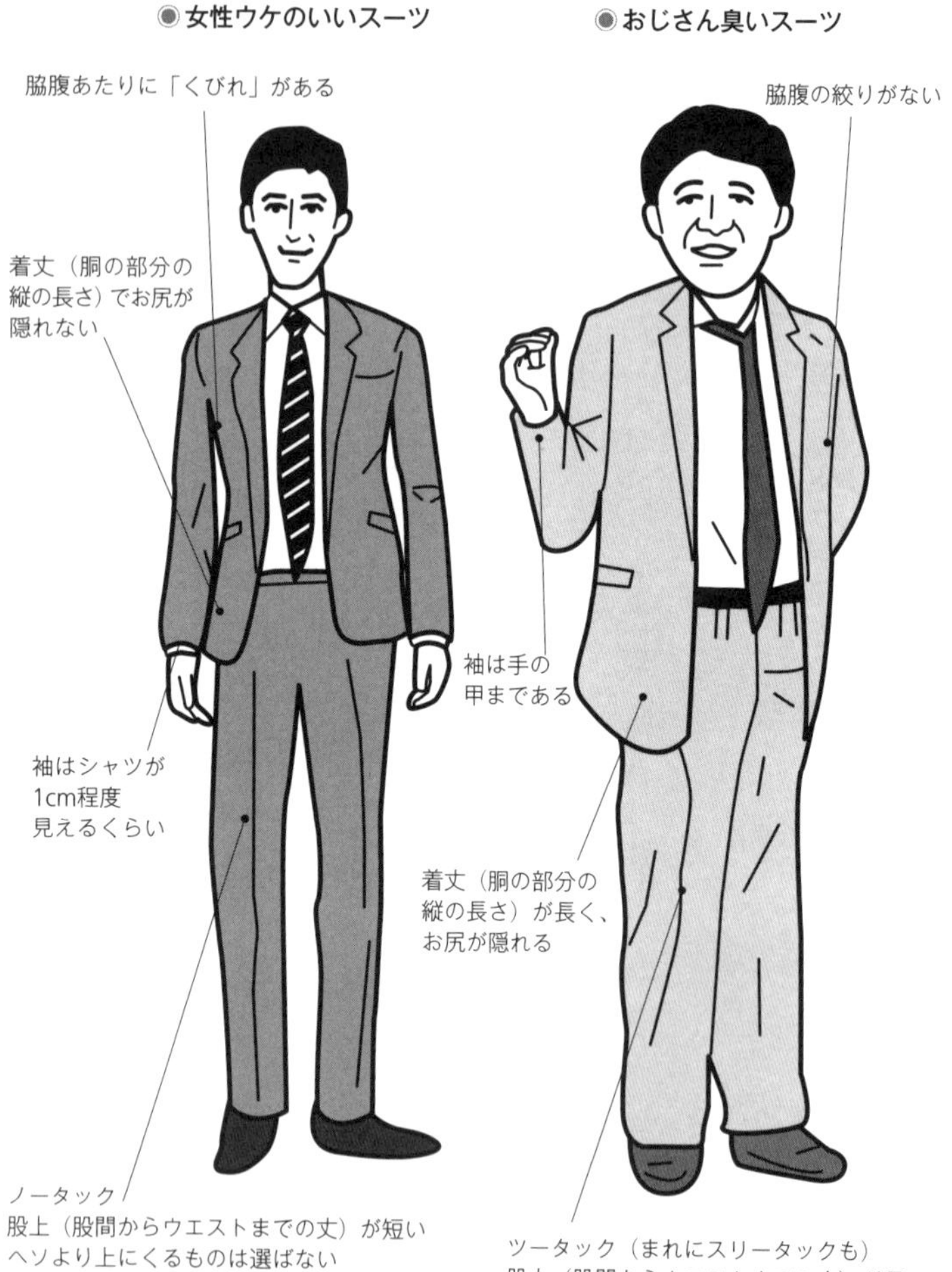
ウエストでサイズを選んでも、
太股の部分が大きいならお直しをする
股上（股間からウエストまでの丈）が長い
ウエストでサイズを選んでいて、
太股の部分が大きすぎる場合も

おじさん臭いスーツは、大きめの“だぼっ”としたシルエットが特徴。女性ウケのいいスーツは、スマートで足長に見せる効果がある。

サイズが合っているスーツは、本来の体型より、足が長く、着痩せして見えます。つまり、素敵なオジサマ風になるのです。

その一方、おじさんがよく着ているサイズの合っていないスーツの特徴は、ずん胴に見えてしまうというもの。特に後姿が顕著です。これでは、本来の体型より、足が短く、太めに見えてしまいますし、おじさん臭が漂います。

目の錯覚を利用する「太め体型」の対処策

体型の悩みで多いのが、「顔が大きい」「太っている」「足が短い」の三つです。スタイルの三大コンプレックスといえるでしょう。

生まれつきだからしょうがない、という割り切り方もありますが、私は「目の錯覚」を利用して実物以上によりよく見せる方法をお勧めします。

太めには縦じま。これが基本です。

「太い」と感じるのは、縦の長さより横の長さが強調されて見えるからです。このため、縦の長さをより強調すれば、「太い」と感じる度合いがやわらぎます。この目の錯覚を利用した方法が、「縦じまの服を着る」です。

細長に見せる目の錯覚

上の図は両方とも同じ太さの四角形だが、真ん中に1本線が入るだけ（右）で、それが目の錯覚を起こして「縦」の長さが強調され、左より細長く見えるようになる。

例えば、縦じまのストライプが入ったスーツを着ると、縦に長く伸びたストライプの線が目の錯覚を引き起こし、実物より細く見せることができるのです。

ひと昔前には、縦じまのスーツはその筋の方々、つまり暴力団の人が着るものというある種のお約束事がありました。いまや時代は変わり、ストライプのスーツといえば、ちょいモテ風のオヤジやヤンエグを気取る男子御用達のお洒落なイメージがあります。

なので、昔の悪いイメージがある人も、どうぞ気にせずストライプのスーツを着用してください。

ただし、パンチパーマの人は、東映やくざ映画風になってしまうので考えものかもしれませんが。

大きな顔を小さく見せるためには?

次に、顔が大きい人の対策です。

これには、顔の周辺に大きなものを置いて目をくらますというのがセオリーです。具体的にはスーツの襟にあたる部分、これをラペルと言いますが、これを通常よりやや大きいものにします。すると目が錯覚を起こし、ラペルとの対比で、顔が小さく見えるのです。

また、シャツが露出している部分、Vゾーンを大きなものにすることも同じ効果があります。逆に言えば、ひと昔前に流行した3B（ジャケットにボタンが三つあるもの）でVゾーンが小さいものは、顔の大きさを強調してしまうということです。

この原理を応用しているのがマンションの展示場です。

モデルルームの部屋を大きく見せたいときに、小さめに加工した家具を置きます。すると家具との対比で部屋が広く見えるのです。あくまでも一部の業者がやっていることで、すべての展示場がそうしているわけではありませんが。

顔が大きいからと悲観することはありません。ちょっとした工夫で、顔の印象をがらっと変えることができるのです。

足が短い人は「シルエット」「色」「くびれ」を

足が短い人の対策も、原理は「太さ対策」と同じで、縦のラインをより強調することが効果的です。細長く見せることになるからです。

まず、パンツは細めのものを選びます。横より縦のラインの比率を上げるためです。おじさんが好んで着るタックが入ったものは、横幅がありますからご注意を。最適なのはノータックのスリムフィットタイプです。

また、つま先が細長いロングノーズシューズと呼ばれる靴をはくと、さらに縦のラインが強調されて足を長く見せることができます。

次に、パンツと靴下、靴の色を同じ色にします。この三つを同じ色で揃えることで、パンツの上部から足先まで目線が分断されずに縦に流れるからです。

そしてその色は黒がいいと言われています。黒は収縮色でしまって見え、足を細長

足が短い人のための服装対策

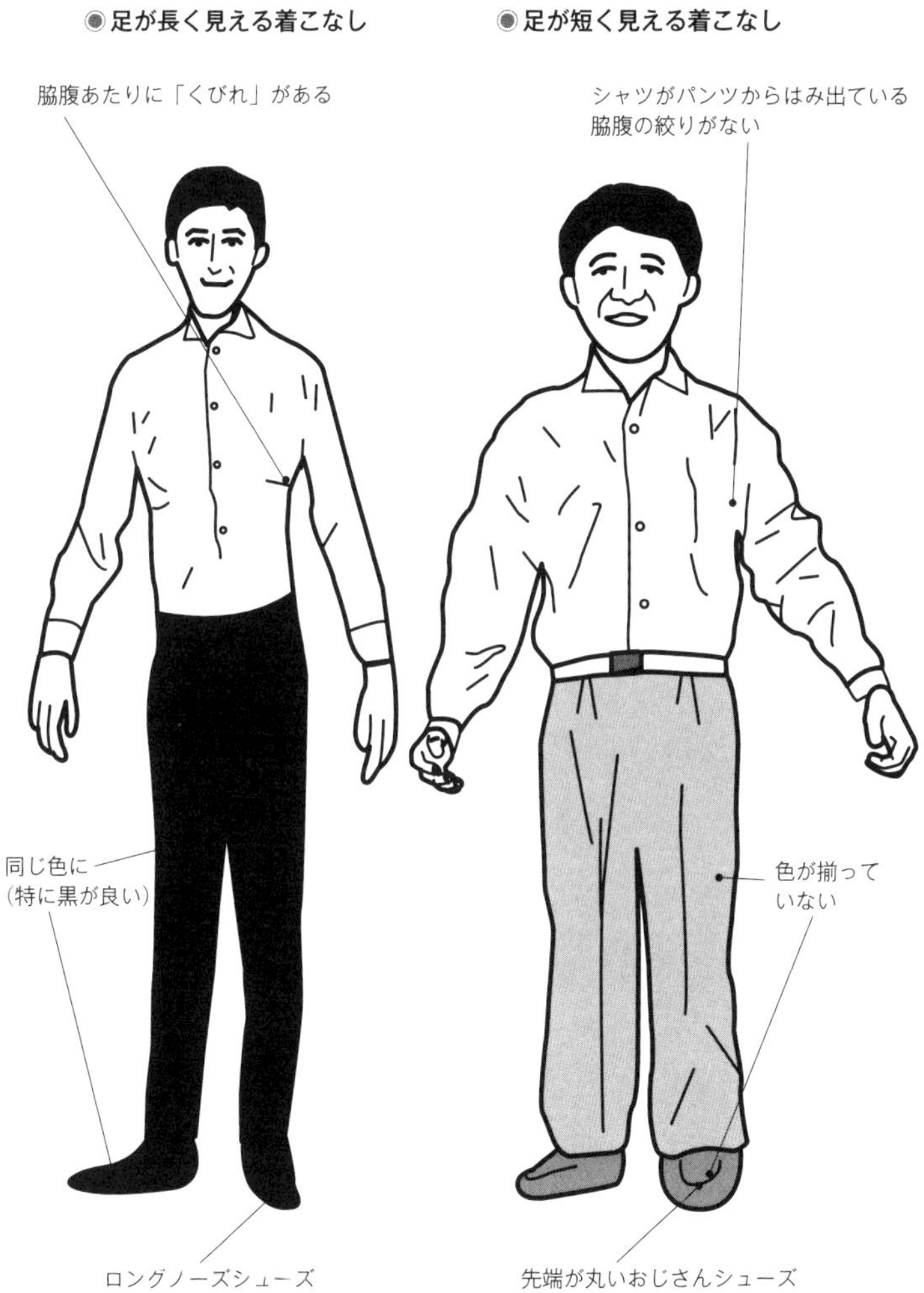

足を長く見せるポイントは、①脇腹あたりに「くびれ」を作る。②パンツ、靴下、靴を同じ色に統一する。③縦長のシルエット(スリムフィット、ロングノーズシューズ)。

く見せます。逆に白系は膨張色なので、横に膨らむため足長効果は期待できません。

これは「太め」対策にも有効です。白系の洋服を選ぶより、黒系のほうがしまって見えるからです。インナーとして着るシャツは白系でも、外を包むジャケットとパンツは黒系にすると、実物より細く見せることができます。

もう一つの原理が「くびれ」を作ることです。

「くびれ」をシルエットに作ることは、女性だけでなく男性にも有効です。人は「くびれ」を見ると、そこが上半身と下半身の転換点であると認識します。その「くびれ」の位置が高く見えることによって、下半身が長い、足も長いと錯覚させるのです。

具体的には、スリムフィットシャツのように脇腹あたりに「くびれ」があるものを着ます。スーツのジャケットの場合には、脇腹あたりを絞ってあるものが「くびれ」効果があります。

ここで、「スリムフィット」と「ロングノーズシューズ」について説明しておきましょう。

スリムフィットとは、シャツやパンツのシルエットの呼び方です。従来型のシルエットよりも細身に作っているタイプで、スリムな人、つまり痩せている人向けということではありません。

従来型のものに比べて、おおよそ胸回りで五パーセント、ウエストで七～八パーセント程度絞られているので、体のラインをすっきり見せることができます。従来型はだぼっとした「おじさん臭い」イメージがあるので、その意味からもスリムフィットタイプのシャツやパンツはお勧めです。

ロングノーズシューズとは、つま先が細長いタイプのもので、いまやスーツやジャケットとパンツ・スタイルに合わせる靴の定番になっています。

中年男性の中にはこのタイプの靴に違和感を抱く人が多いようです。靴の先端部分が丸く厚みのある短めの靴をはき慣れているからです。しかし、若い女性はこうした靴におじさん臭さを感じますので、おじさん臭さの一掃という意味では、ロングノーズシューズをはいてみるといいでしょう。

体型に問題がない人ほど問題がある？

こういったジャストサイズの話をすると、実は、太めの人より痩せている人のほうがピンときません。

太めの人は太っていることをよく自覚した上で、大きめの服を選んで体型をカバーしようとする傾向があります。意識的に行っているということです。このため、ジャストサイズの話に敏感です。

しかし、痩せている人は体型に負い目がなく、無意識に大きめのサイズの服を選んでいる場合が多いので、ジャストサイズの話をどこか他人事だと思って聞いてしまいます。私がセミナーで話をしても、興味を示すのは太めの人が中心で、痩せている人は反応が薄いことが多いのです。

ここに痩せている人の落とし穴があります。ここで言う痩せている人とは、子供の頃からずっと痩せている人のこと。こういう人は幼少期、自分の体を貧弱だと捉え、コンプレックスを持ち、「もっと大きくなりたい」という願望を抱えていたのです。

しかし、大人になったいま、痩せている人には優しい世の中です。

健康診断でメタボとダメ出しされないし、ゴハンをおかわりしようものなら、「食べても太らないって羨ましい」となります。このため、表の意識では体型に関する問題意識は薄くなります。しかし、潜在意識に刷り込まれたコンプレックスから、知らず知らずのうちに大きめのサイズを選ぶ傾向にあるのです。

「あっ、そうかもしれない……」と思った人は、全身が映る鏡で自分の姿を見てみてください。当事者であることに気付くかもしれません。

この話をセミナーでした後、一人の受講者が次のように言いました。

「子供の頃、自分の体が貧弱でイヤだったことを思い出しました。たしかに、二つのサイズで迷ったら大きいほうを選んでますね」

その後、ジャストサイズの服を着るようになって、この話が腹に落ちたそうです。

ネクタイを外したおじさんよ、どこへ行く?

おじさんの最強お洒落アイテムは何でしょうか?

それは、首からブラブラぶらさげているもの、そう、「ネクタイ」です。スーツ姿に華があるのは、ネクタイがあるからこそ。

しかし、そのネクタイを外す機会が増えました。いわゆるビジネスカジュアルにおけるノーネクタイ姿です。

快適に過ごせるのは大きな利点です。その一方で、ただ単にネクタイを外しただけなのか、お洒落なのか、一目でぱっと見分けられてしまうという恐ろしい一面もあります。

その分かれ目は、襟元のワンポイント技にあります。

では、ノーネクタイ姿で差をつける襟元のワンポイント技には、どんなものがあるのでしょうか?

ただ単にネクタイを外しただけのスーツ姿には無難な印象がありますが、どこか締まりがないし、面白味に欠けます。同じノーネクタイ姿でも社員証などを少し派手目の色のストラップで首からぶら下げているとおさまりがいいのは、ネクタイに近い効果があるからです。

ノーネクタイ姿でもお洒落になるワンポイント技が、襟元のお洒落です。

襟元のお洒落には、二種類あって、一つはボタンに小技を効かせたもの。もう一つは襟自体が加工されているものです。

シャツの最上部の部分を台襟といいますが、ここに二つボタンがついたものが前者の代表格。デュエボットーニ・シャツといい、この小技が襟元をエレガントに印象づけます。また、すべてのボタンに細工が施されているものも、お洒落感があります。

後者は、クレリック・シャツが代表選手です。ワイシャツやポロシャツで、襟の部分が本体と違う素材や色、柄物でできているのを見たことはありませんか? 襟の部分に細かい柄の生地をあてていたりして、小技が効いてお洒落です。

また、ダブルカラーといって、襟が二枚重ねになっているものも同じようにお洒落

ノーネクタイ姿で差がつくポイント

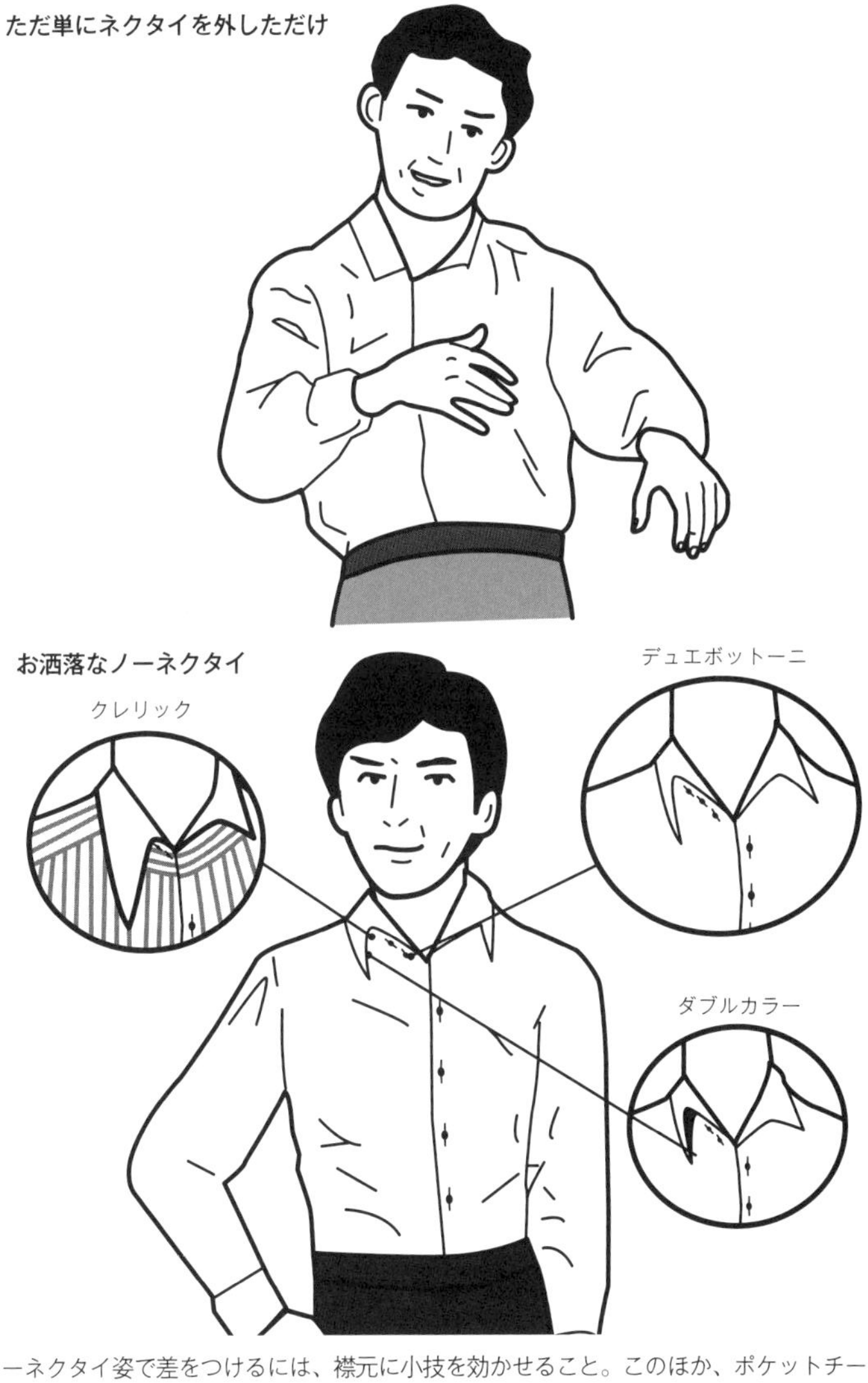

ノーネクタイ姿で差をつけるには、襟元に小技を効かせること。このほか、ポケットチーフを活用することでネクタイに似た効果を出すこともできる。

感があります。

ポケットチーフもお洒落感を演出します。ポケットチーフは、シルクなどの上質な素材、細かい柄の入ったワンポイントという点でネクタイに似た効果があるからです。

スーツにネクタイのオンの姿だけ気を遣っていればいい時代から、オフのとき、つまりネクタイを取ったときの姿にも気を配る時代になっています。オフのときのお洒落が、ライバルの男たちに差をつけます。そして、女性の目をひきつけます。

けっして、ノーネクタイのシャツの襟元から、よれよれのTシャツを覗かせることなかれです。これはおじさん臭く見える最強のワンポイント技ですから。

加齢臭対策は頭から!

以前、「年を取ったな」と思うのはどんなときか、という調査結果が新聞に載っていました。

「人の名前が出てこない」「徹夜ができなくなった」「分厚いステーキに魅力を感じな

くなった」などが挙げられていましたが、私なら迷わず〝加齢臭〟を発してしまったときと答えるでしょう。

世の中には、自分じゃどうしようもないことがありますが、加齢臭もその一つ。私は、来るべき日に備えていまから対策を講じています。

なぜなら、加齢臭はイヤな異臭であると同時に、その意味するところが「この男はもう子孫を残す能力がないんだ。気をつけて～」ということを女性の本能に訴えるサインであるという説があるからです。

おじさんが女性にモテるという観点から警戒が必要な項目だといえます。

臭いは元から断たなきゃダメ、と言いますが、そういう意味では、不摂生な生活習慣を改めるべきという人がいます。

また、男性ホルモンの低下が原因という説もあり（これは本当）、エッチな妄想に耽るというのも手かもしれません（これは冗談です）。

ただし、こうした抜本的なやり方は時間がかかるので、文明の利器を利用するのが手っ取り早いし効果的。人を宇宙に送り出せる時代だけあって、加齢臭防止グッズもさまざまなものが揃っています。加齢臭防止の下着や靴下、加齢臭防止の石鹸などなど。

ですが、最も効果的で最も見落しやすいのは、実はシャンプーです。

なぜなら、加齢臭を最も発散するのは「頭」だからです。体は衣服で覆われているので臭いにくい一方、頭はすっ裸の状態だし、相手の鼻に近いので加齢臭散布の絶好の媒体となってしまいます。

洗髪時には、髪の毛を洗うという意識が強い人が多く、加齢臭がしみ出る「頭皮」そのものを洗う人が少ないこともあって、加齢臭対策はまず頭からということを、私は強く主張したいと思います。

ちなみに、加齢臭対策グッズを買うのは、主に主婦だそうです。

これってまさに内助の功。現代版・山内一豊の妻じゃないですか（涙）。それとも、ただ単に、旦那の加齢臭がイヤなだけ？

実は女性も出している加齢臭

加齢臭というと、おじさん特有のものと思われがちです。しかし実は、女性も加齢臭を発散しています。

社会進出が目覚ましい女性たちがとうとうオレたちおやじの聖域に足を踏み入れた

のか！　というわけでなく、体のメカニズム上、そうだということです。

加齢臭は、皮膚の毛穴から出る皮脂が原因となります。この皮脂の中に含まれる酸が酸化した結果、加齢臭の元になる「ノネナール」が作り出されるのです。このメカニズムは男女を問わず一緒。だから女性にも加齢臭があります。女性の加齢臭が目立たないのは、皮脂の量が男性より少ないからに過ぎません。

しかし、生活習慣によって皮脂は増大します。具体的には、肉食過多な食事や睡眠不足などのストレスが皮脂を増大させてしまうのです。生活習慣病の原因と大きく重なるんですね。

仕事でストレスを溜め込んで、「やってられるか〜」と焼肉をヤケ食い、ビールをがぶ飲み……なんておやじな生活を送っていると、女子もおじさんと同じレベルの加齢臭を発散してしまう。文字どおり「おやじ臭くなる」というわけです。

そのうち、加齢臭もお互いさまという時代が来るかもしれません。


いや、やっぱり、そんな時代は来ないでしょう。

女性は、男性に比べてデオドラントに気を遣っています。

例えば、香水や制汗剤をよく使います。それらをあまり使わない女性でも、朝晩ちゃんと洗顔して化粧水をパタパタと肌につけ、帰宅後には化粧落としを使うことで、肌が清潔に保たれているという側面もあります。

そしてそれ以上に、「態度」にも、男女の差を生み出している原因があると私は思うのです。

加齢臭は、資生堂が二〇〇〇年に発見し、命名したものです。当時、けっこうな話題になりました。「ついに発見、おやじ臭さの原因が科学的に究明された」という特集をテレビで見た記憶があります。

この「おやじ臭さ」には、加齢臭だけでなく、おやじ臭い言動や態度が含まれているのではないでしょうか。おしぼりで顔を拭くとか、おやじギャクを連発して周囲を凍らせるとか。だからこそ、「ついに、おやじ臭さの原因物質を発見」と面白おかしく騒がれたのではないでしょうか。

加齢臭防止グッズも重要、生活習慣を改めるのも効果的。でも、女性にならって、態度そのものを見直すことも「おやじ臭さ」根絶には必要不可欠ではないかと、自戒の念を込め、ここに提言します。

芸能人は歯が命、おじさんだって歯が命

昔、「芸能人は歯が命」というキャッチコピーのＣＭがありましたね。芸能人だけでなく、われわれ一般人にとっても歯は命。年を取っても、自前の歯で食事を楽しみたいですし。

歯の加齢現象は、抜け歯、その結果としての入れ歯だけではありません。年を取ると、歯が黄色くなるのです。〝老け歯〟とでも言いましょうか。若い頃にはキラリと白く輝いていた歯も、徐々に黄色くくすんでしまいます。

歯は、表面がエナメル質という硬い層、その内側が象牙質でできています。象牙質は黄色がかった色をしており、その上のエナメル質の透明度で、歯が白く見えるか、黄色く見えるかが決まります。つまり、エナメル質が白く濁っていると歯が白く見え、逆にエナメル質が透けていると歯が黄色に見えるという具合です。

年を取ると、このエナメル質が徐々に薄くなって、象牙質の黄色が目立ちます。老化現象として歯が黄色くなっていくのです。古くなったＴシャツは生地が薄くなりますよね。そして肌が透けて見える。これと同じ原理です。

歯の老化は、噛む機能が衰えるだけでなく、美的にも衰えるということ。笑ったときに口元からのぞく白い歯。ある意味、若々しさの象徴です。この白さを取り戻す方法が、ホワイトニングです。

ホワイトニングとは、文字どおり、歯を白くすること。

自宅で行うものと、歯科医院の中で行うものの二通りの方法があります。そのどちらも歯医者さんの指導のもとで行います。

自宅で行うものは、ホーム・ホワイトニングと呼ばれています。まず、歯医者さんに専用のマウスピースを作ってもらいます。自宅でこのマウスピースにジェル状の治療液を流し込み、二時間ほど装着。これを二週間から四週間、毎日続けます。

そこそこ根気がいりますが、通院せずに自宅で簡単にでき、色戻りしづらいというメリットがあります。

一方の歯科医院で行う方法を、オフィス・ホワイトニングといいます。こちらは歯に治療液を塗って、専用のレーザーを照射します。即効性があり数回で効果が出る点がメリットですが、色戻りしやすいというデメリットもあります。

また、アシステッド・ホワイトニングと呼ばれる、この両方を同時並行的に行う方法もあります。

私は四四歳のときに、はじめてホワイトニングをやりました。

自宅コースで四週間実施したところ、周囲が驚くほどの効果が出ました。当初は、歯医者さんに「最もくすんだ色」と判定されましたが、四週間後にはレベルが四つも上がったのです（レベルは九段階あります）。

もともと生まれつき歯が黄色かった上に、コーヒーやワインなどの色の濃い、つまり歯にくすんだ色が着色しやすい飲み物が大好き。そこへ加齢現象が加わったので、ひどい黒ずみようだったようです。

それが、マウスピースを作るのに一週間、ホワイトニング自体で四週間。これで、日頃の不摂生や老化現象が一気に清算されたのです。医学の力には、ほんと大感謝、敬意を表します。

レーザー脱毛で、さらば泥棒ヒゲ！

口の周りのヒゲが極端に濃くて黒いことを、泥棒ヒゲといいます。泥棒の中でも小物の「コソ泥」のイメージがあります。ルパン三世のような颯爽とした雰囲気はゼロ。間抜け感さえ漂います。

実は、かつての私はこの泥棒ヒゲでした。見た目は悪いし、ヒゲそりの手間はかかるし、深ぞりすると血が滲むし。ずいぶんと苦々しい思いをしたものです。

そんな私が、二五年以上の長きにわたって苦楽を共にした泥棒ヒゲと決別できたのは、医師が行うレーザー脱毛をしたからです。まだあまり知られていない、ヒゲ脱毛の実態を説明しましょう。

四〇歳を過ぎてから、私はヒゲの脱毛をしました。

いまでは、うっすらとしか生えていません。かみそり負けもなくなりました。

しかも、ヒゲが薄くなることで見た目も若々しくなったというオマケ付きです。

「ヒゲ＝年を取っている」というイメージがありますし、顔のくすみが消えて実際に明るさが増すので、ヒゲを脱毛すると若々しくなるのです。

脱毛はムダ毛を気にする女性がやるもの、というイメージがあります。しかし、最近は男性の利用者が増えているそうです。いちばん多い部分がヒゲ。私のようにヒゲが濃いことで悩んでいる人がけっこういるということですね。

このヒゲの脱毛、皮膚科の医院でできることがあまり知られていません。エステで高額の料金がかかる方法しかない、と思い込んでいる人が少なくないのです。

医院で行うのは医療レーザーによる脱毛です。黒いものに反応するレーザーを使って、毛を作る組織にダメージを与えます。これで、毛の再生能力を低下させるという仕組みです（ちなみに、同じレーザーで白髪は脱毛できません）。

しかし、レーザーを照射した部分のすべてに脱毛効果があるわけではありません。毛には成長のサイクルがあり、成長期の毛に対してのみレーザーは有効だからです。このため、一～二カ月間隔で数回に分けてレーザーを当てる必要があります。ヒゲの密度などで個人差がありますが、五回目を過ぎる頃には目に見えて効果が出てきます。

さて、脱毛というと気になるのは、「痛み」だと思います。

痛みはたしかにあります。しかも、かなり痛いです。よく例えられるのが、強力なゴムをパチンと当てられた痛みというもの。

私はこの痛みが怖くて、なかなか脱毛に踏み切れませんでした。なにしろ、歯のクリーニングでさえ麻酔をお願いするほどのヘタレなので。

しかし、実際やってみた感想は、十分に耐えられる範囲内というものでした。毎日のヒゲそりの手間や煩わしさに比べると大したことがないと、我慢できる程度の痛みです。まず、施術自体が一〇分程度と短いことが、理由その一です。それに加えて、私は麻酔をしてもらいました（麻酔用のジェルをレーザー照射部分に塗ります）。この麻酔で痛みがだいぶやわらぎました。

ヒゲ脱毛は、医院でできる脱毛です。もしヒゲの濃さに悩んでいるなら、脱毛を行っている医院に相談することを、経験者としてお勧めします。

すべてを台無しにする三点セット

これまで説明してきたことを実践して、頑張って外見を変えても、ほんのわずかなことで「おじさん臭い」人に逆戻りすることがあります。

この、ある意味すべてを台無しにする三点セットが、

1―口臭
2―じじ毛
3―汚いツメ

女性と会う前は必ずチェックして、この三点セットが表に出ないように根絶するべきです。

もしあなたが、面白い話をしているのに相手がいやーな顔をしていることがあったら、それは話の内容ではなく「口臭」が原因である可能性があります。人は自分の臭いに鈍感なので、口臭に気が付かないことがあるのです。

口臭は歯に付いた歯垢か、内臓の病気が主たる原因です。歯垢は年とともに付きやすくなるし、内臓の病気（胃腸、肝臓、糖尿など）も中年以降かかりやすくなるので、若いときよりも、より一層気にする必要があるのです。

対策は、毎食後のブラッシング、そしてデート直前の口臭防止スプレーとタブレット、ガムです。

歯ブラシは歯垢が付着するのを防止するためで、歯ブラシだけでなく歯間ブラシを併用するのがお勧めです。歯の間には歯垢が溜まりやすく、歯ブラシだけでは除去できないからです。

一方、「じじ毛」は、年を取って毛の成長を制御する遺伝子の働きが低下することが原因です。

耳の穴の周辺から毛が生え出したり、まゆ毛や鼻毛が異様なほど長くなります。これは、おじさん臭い雰囲気を強烈に醸し出すので要注意です。二枚目俳優の写真に耳毛と鼻毛を描き加えてみてください。途端におじさん臭くなり男前度が数段落ちるので、このことをよく理解できるでしょう。

対策は、鼻毛専用のはさみなどでまめに切るしかありません。おじさん臭さ根絶のため、ヒゲそりのように習慣化することをお勧めします。

「汚いツメ」は、年齢にかかわらず注意を払うべき部分だといえます。

女性にとって、ツメはネイルアートなどおしゃれをするポイント。自分自身が注意を払っている部位なので、男性に対しても同じ視点を投げかけます。

また、体を触るものなので（女性の性器など微細な部分にも及ぶ）、傷つけられやしないか、不潔でないか、シビアに見ているのです。

もし風俗店の女の子がピラニアみたいな鋭い歯をしていたらどうしますか？ 殺気を感じて何もせず帰るのではないでしょうか。同じように、汚いツメはせっかくのチャンスをふいにしてしまいます。「じじ毛」同様、ツメの手入れを習慣にしましょう。

小さくても「成功体験」を積むべし

中年男性が彼女作りや婚活をはじめると、必ずぶつかる三つの壁。それが「おじさん臭い外見」「女性とのコミュニケーション不全」「慢性的な出会い不足」です。

これまで「おじさん臭い外見」の改造方法について説明してきましたが、これはこの三つのうちで、はじめに取り組むべきことなのです。

なぜ、外見から取り組むべきなのか。それは、三つのうちで最も成果が出やすい分野だからです。

すこし横道にそれますが、日産自動車の話をしましょう。

倒産寸前の同社を、カルロス・ゴーンという経営者がわずか一年で復活させたのは有名な話です。その彼が重要視したのが「成功体験」でした。

会社を変えるために何かをする。それに対して良い結果が出ると、「やればできるんだ」と人は思います。逆に、結果が出ない状況が続くと人は必ず挫折します。会社を変えるのは、一人ひとりの社員だから、その社員を改革という困難に立ち向かわせる原動力は「成功体験」だ。このように、ゴーンさんは考えていたそうです。

このため、改革の初期段階では、小さくてもいいから目に見える成果を出すことを重要視したといいます。結果、「リバイバルプラン」と名付けられた改革は大成功。V字回復といわれるほどの劇的な再生を果たしました。

恋愛にも同じことが言えます。

目に見える成果をまず出すことは、自己改革する上で非常に重要です。

外見を変えることは、比較的容易なこと。例えば、髪型や服装を変えてみる。加齢臭や無駄毛を一掃する。それだけで、見栄えはがらりと変わります。見た目の印象が変わると、女性からの評価は一変します。そして何より、自分自身が「変わった」ことを実感できるので、「やればできるんだ」という自信にもつながるのです。私は相談者から、「やってよかった」「気分まで若返った」という感想をよく聞きます。

逆のケースが、「出会い」です。

大多数の中年男性の場合、正しい戦略と技術がないと「出会いの場」で惨敗してしまいます。「結婚相談所で紹介された女性といつも上手くいかない」「お見合いパーティーに参加してもカップルになったことがない」など、よく聞く話です。

成果がなかなか出ないと、どうなるでしょうか。それは「挫折」です。

年を取ってからの挫折は後がないだけに、その後の人生に悪影響を及ぼしかねないシビアな問題です。まずは、外見を整えて成果を出すことが、中年男性の恋愛で重要なポイントとなるのです。

では、これまでに述べた外見改造法のうち、いったいどれをやるべきなのか？

よくそんな質問を受けますが、私は即効性のある施策はすべて必須、しかもすぐに、と答えています。これらは、おじさん臭い外見を一新するために必要なことだからです。

本章のまとめとして、即効性のあるものと、ある程度の期間が必要なものに分けて整理しました（次のページ）。これを参考に、あなたも「モテるおじさん」への第一歩を踏み出してください。

外見改造法のまとめ

◉短期間で即効性がある施策

・髪型（トップ・サイド比率の適正化）
・顔そり（顔のくすみを消して明るくする）
・まゆ毛を整える（目尻が下がるのを補正）
・白髪染め（ヘアマニキュアを推奨）
・ショートヘアによる薄毛対策

（以上）デザイン力のあるヘアサロンで一括して実施可能

・服装を変える（おじさん臭い服装を改める）
　　ジャストサイズのジャケット
　　スリムフィットシャツ、パンツ
　　ロングノーズシューズ
　　体型を補正する工夫（着やせ、足長、小顔効果）
　　ノーネクタイ姿の襟元のワンポイント技
・メガネ（三分の一の法則）
・加齢臭対策（シャンプー）

これらに加え、口臭、じじ毛、汚いツメは根絶する

◉ある程度の期間が必要な施策

・薬による薄毛治療	半年以上
・植毛による薄毛治療	半年以上
・表情筋体操による肌のハリ	3カ月以上
・スキンローションによる肌のツヤ	1〜2カ月
・シミ取り	半年程度
・ホワイトニング	1〜2カ月
・ヒゲの脱毛	半年以上

第3章

中年男性が無理なく会話力をアップさせる方法

石田純一がモテて、福山雅治がモテない理由

「若い女性と何を話せばいいかわからない」というのが、多くの中年男性が抱える悩み事です。それでいて、「女性は若ければ、若いほどいい」と言う。実にいじらしくて、切ない話です。

相手が「若い」に限らず、女性と「何を話せばいいかわからない」というのは、深刻な悩みです。なぜなら、会話が成り立たないと女性との関係がまったく進展しないからです。

この「何を話せばいいかわからない症候群」の原因の一つは、女性が会話に求めているニーズを見誤っていることにあります。

では、そのニーズとは何でしょうか？

以前、雑誌を読んでいたら、とっても面白い記事がありました。タレントのテリー伊藤さんのコラムです。テーマは、「石田純一がモテて、福山雅治がモテない理由」。それは、聞き上手か、そうでないかの差なんだそうです（「ＴＨＥ21」二〇一〇年二月号「成功者の裏マニュアル」より）。

これってすごーく深い話。そして納得感のあるお話です。外ヅラだけ見ると、どう考えても男としては福山雅治の圧勝です。仕事はできるし、肉体的なエネルギーもあるし（若さってやつ）、顔もハンサム、声もイケてる。でも、福山さんが語ったところによると、「テリーさん。僕、実は全然モテないんですよ……」なんだそうです。にわかには信じられない話ですが、その理由を聞くとなるほど、納得です。

福山さんは相手の話を黙って聞くことができず、つい、

「それは違うよ」

「もっとこうしたほうがいい」

果てはお説教までしてしまう始末、なんだそうです。これはたしかに疲れますわな。話を聞いてほしいときに、話の腰を折られたり話を否定されたりしちゃったら。

一方の石田さん。この人はすごいです。さすが五〇代半ばで二二歳年下の美人を射止めるだけあります。彼は女性と話をしていて、相槌《あいづち》以外に何時間でもまったくしゃべらない。相手の話をひたすら聞くだけということがあるんだそうです。

すごい聞き上手。というより忍耐強さです。

話し手と聞き手の時間感覚は違います。話をしているときには、あっという間に時

間がたつものです。その一方で、人の話をじっと聞いているときには時間がたつのがやけに長く感じます。

会社の上司や得意先との飲み会で、一方的に相手の話を聞くのが苦痛だったことはありませんか？　聞くってたいへんな作業ですよね。それだけに、自分の話を黙ってじっと聞いてくれる相手はありがたいもの。そして、その相手に好意を抱くものです。石田さんが福山さんより女性にモテるのは、こうした理由からです。

つまり、「話を聞いてほしい」。これこそが女性が会話に求めるニーズなのです。にもかかわらず、多くのおじさんたちは、「何か話さなければならない」という思い込みが強すぎます。年長者だからとか、社会の大先輩だからとか、男だからとか。そうしたことを意識しすぎて、会話をリードするべき、つまり「何か話さなければならない」と考え、相手のニーズを見誤ってしまっているのです。

中年男性のための会話上達法とは？

会話下手は、恋愛下手の同義語です。モテないと強く自覚している人のほとんどが、自分のことを会話下手だと思っています。

そうした会話を苦手とする人が頼る恋愛マニュアル本には、さまざまなことが書かれています。いわく、「けなしながらホメろ」「女はイジれば喜ぶ」「過去の恋愛話を引き出せ」などなど。これらはハードルの高い会話術で、とても会話下手の人がすぐに実践できるものではありません。

また、「街中で千人に声をかけろ」とか、「婚活パーティーのフリータイムで百人と話をしろ」という恐ろしい指南さえあります。

まるで苦行、滝行です。こんなやみくもな根性論は、とてもおじさんにお勧めできる代物ではありません。

おじさんは反射神経や学習能力が落ちており、「習うより慣れろ」や「あれもこれもやれ」と、いろいろ考えながら話をするのは不向きだからです。無理をしないというのが、おじさんの会話力向上の基本的な考え方です。

では、どうすればいいのでしょうか?

まずは、シンプルで効果の高いテクニックに集中するべきです。具体的には、「聞き上手」の基礎となる〝傾聴テクニック〟です。

「話を聞く人がモテる」というのは、先の事例の石田純一さんと福山雅治さんが身をもって証明していること。「けなしながらホメろ」「女はイジって喜ばせろ」などできもしないことに手を広げるのではなく、まずはシンプルで効果の高い傾聴テクニックに集中するべきです。

もう一つが、環境整備と事前準備です。

会話力の優劣は、当日のパフォーマンスですべて決まるわけではありません。「段取り八分」という諺《ことわざ》どおり、会話も、話しやすい環境を事前に整えておくことが重要です。特に、初対面の女性とのデートのように緊張感が高い場面では、このことが意味を成すのです。

つまり、中年男性が女性との会話力をアップするポイントは次の二つ。

1　シンプルで効果の高いテクニックに集中する
2　大事なデートの前には事前に話しやすい環境整備をしておく

ちょうど、スキーに似ています。

ボーゲンターンという技術を聞いたことがありますか？　これは、スキーをはじめてする人が習うテクニックです。スキーの板を八の字に開いて、右に曲がりたいときは右足に体重をかける。左に曲がりたいときは左足に体重をかけるというシンプルなテクニックです。そして、滑りやすいゲレンデ、つまり傾斜がゆるくコブがない斜面を選びます。それだけで十分にスキーの楽しさを味わうことができます。

会話も同じことなのです。女性のニーズを捉えた「聞き上手」、つまり傾聴というシンプルなテクニックに集中する。そして話しやすい場所で会話する。すると、相手の女性は十分に会話の楽しさを味わうことができるのです。

私がカウンセリングした中で、同じ男性と会話するのですら苦手だったのに、この方法で「女性との会話が楽しくて仕方ない」くらい上達した方がいます。このような例は山ほどあります。

逆のケースが、スキーをはじめてやる人が、スキーが上手な仲間に山頂まで無理やり連れられて、コブだらけの急斜面を滑らされるケースです。ほぼ例外なく、これ一発でスキー嫌いになります。

同じように、けなしながらホメろとか、街中で千人に声をかけろ、などは挫折につながる危険なアドバイスです。若いときならやり直しが十分できますが、年を取った後の挫折は取り返しがつかなくなる可能性があります。

おじさんは無理せず、理にかなったことをしましょう。

では、「聞き上手」になるための傾聴テクニックとは？

次から具体的に説明しましょう。

女性を会話にのめり込ませる三つの小技

「最も話しにくい相手はどんな人ですか？」と聞かれたら、私は迷わず「無表情な人」と答えます。

何を話しても反応がなく、鉄仮面のような無表情でいられたら、話しづらいですよね。こちらの話がちゃんと伝わっているかわからないからです。

ある心理学者の実験結果によると、会話中にまったく相手からの反応がない場合、話し手は不安を感じ、二〇秒前後しか話が続かないそうです。

聞き手は、必ず反応するべきです。「あなたの話をちゃんと聞いてますよ」というシグナルを、話し手に送り続けるべきなのです。

そのシグナルが、次の三つ。

・うなずき
・相槌
・相手の話を反復する

話が盛り上がる人、会話上手の人は必ずこの三つで反応しています。

例えば、明石屋さんまさん。

さんまさんは、「しゃべり倒す」ほど一方的に話をしているイメージがあります。

しかし、彼が司会を務めるトーク番組をよーく見てみると、「あなたの話聞いてるよ」というシグナルをしっかりと相手に送っているのです。

例えば、「ハイ、ハイ」とか「あっ、なるほど」と言いながら大きくうなずいたり、引きつけを起こしたような笑いをしながら相槌を打ったり、「えっ、こういうこと?」と話を反復したり。テレビの向こうの視聴者にもわかりやすく、やや大袈裟に反応していますが、誰の話にも、「うなずき」「相槌」「反復」をして、相手の話を上手に引き出しているのです。さんまさんって実はすごい聞き上手なのです。

もし仮に、さんまさんが無言で無表情でじっとしていたらどうでしょうか。きっと、話しにくいでしょう。例えば若手芸人は、無表情のさんまさんを相手に話をしたら、「俺のギャグつまんないんだろうか」とか、「もう二度と番組呼ばれないかも」と疑心暗鬼になって、話をしても気が気じゃないでしょう。

「うなずき」「相槌」「反復」。会話を盛り上げる、というより正しくは、女性に楽しく話をさせるこの「三つの小技」を、ぜひ覚えておいてください。

逆のケースが、「会話のデモ行為」と私が呼んでいるものです。次に挙げるような人とは、「もう話をするのイヤだな」って思いませんか？

・話を終えていないのに、自分の話を割り込ませる人
・「それは違うだろ」「こうするべきだろ」とすぐに人の話を否定する人
・相手の気持ちや会話の流れより、何が正しいかに固執する人

この三つを合わせ技で繰り出してくる人がいたら、私なら「もう話したくないッス」と、不退転の決意を固めるでしょう。いわゆる、「話の腰を折る人」「聞く耳を持たない人」です。こういう人は、相手の話に反応するとき、「でもねぇー」とか「でもさ！」と「でも」を連発するのです。だから、デモ行為。デモ行為は相手に対する反対の意を示す行為です。

会話を盛り上げる人、盛り下げる人

上のイラストのように「話の腰を折る人」「聞く耳を持たない人」「自慢話をする人」は嫌われる。好かれるのは、女性に楽しく話をさせる人。「うなずき」「相槌」「反復」が秘訣だ。

身に覚えのある人は、気をつけましょう。女性の話を聞いて、「でも」という言葉が頭に浮かんだら、ぐっと堪えてください。

まずは「そうなんだ」と言って相手の話を受け止めてください。これが聞き上手になれるか、なれないかの試金石です。そして、相手のことをいったん、がっちりと受け止める力、これが大人の包容力でもあるんですから。

「いや〜、そうは言っても……」と、この話に「でも」が頭に浮かんだ人。次の話を読んでください。

「空飛ぶセールスマン」の大人の包容力

世界的な大企業、ソニーの創業者といえば、「空飛ぶセールスマン」といわれたいまは亡き盛田昭夫さん。盛田さんは人のハートをがっちり摑む名人でした。

その秘訣は、どんな意見でも笑顔で受け入れる、にあります。これを恋愛に応用すると、世界的な包容力を持つ大人の男になれるかも！

大げさな前フリで、すいません。

この盛田さん、部下の意見を聞くとき、それがどんなにひどい内容でも、

「おお、それは、いい考えやな」

と満面の笑みで大きくうなずくそうです。

しかし、後になって逆の指示を出すことがしばしば。それでも、部下は大喜びで指示を実現しようと必死になって働くそうです。なぜなら、盛田さんに意見を認めてもらった時点で絶対の忠誠心を抱くからです。

この忠誠心のすごさもさることながら、盛田さんの包容力のすごさに私は感服します。盛田さんの包容力は、相手の意見を否定せず、まずはいったん受け入れる、というところにあります。これはスゴイことです。

なぜなら、人間誰しも「それ違うんじゃない」と感じたら、すぐさま反論したくなるものだからです。そこをぐっと堪えて、まずは相手の意見を受け止めて、そこから自分の意見をやんわりと表明する。すると、相手もこちらの意見をすーっと受け止める余裕ができる。ここがポイントです。

例えば、営業で商品を懸命に勧めていて、お客さんから「でも、高いんだよな」とガツンと反論されたとき、「いいえ、高くなんかありません、モノが違います！」なんって即答したら、敵味方に分かれての論戦開始です。

しかし、相手の意見をいったん受け止める。例えば、「そうですね。最初はそう感じる方が多いです」とやれば、カドが立ちません。それから、やんわりと価格と効果の関係性を説明すればいいのです。

恋愛も同じです。

年下の女性が仕事の愚痴をこぼしているとき、

「オマエ、そりゃ、違うだろ」
「こうしなくちゃだろ」

と、すぐさま相手のいうことを否定するのは絶対にNGです。

相手は愚痴を聞いてほしいだけで、仕事のアドバイスを欲しいとは思っていないからです。

まずは相手の意見を受け止める。アドバイスしたほうがいいと思ったら、話を受け止めた後にやんわりでも十分です。まずは、「たしかにそうだねー」とか「つらいねー」と言いながら、大きくうなずく。この受け止める力が包容力です。

包容力がない人は、なにかとすぐに白黒をつけがち。しかも、自分の経験や価値観の範囲で論評しがちです。一方、包容力がある人は相手のことを丸ごと受け入れることができます。この包容力の差が、おじさんがモテるかどうかを左右すると言っても過言ではありません。

「ねっ、そうですよね? 盛田さん」

きっと盛田さんは、天国で、「おお、それは、いい考えやな」と笑顔で大きくうなずいてくれていることでしょう(後で反論されたりして)。

会話の「空気」を読む技術

「あなたの話を受け止めました」というシグナルを発信するために、もう一つ重要なテクニックがあります。

それは相手の「態度」「ムード」「話し方」に合わせるというもの。

「態度」とは、姿勢や身振り、表情などのボディランゲージのこと。

「ムード」とは、明るい話なのか、暗い話なのか、哀しそうなのか、楽しそうなのか、冷静なのか、情熱的なのか、など文字どおり話をしているときのムードです。

「話し方」は、話すスピード、声の大小、センテンスの長さ、簡単なフレーズが多いか、専門用語が多いか、結論が先か後かなど。話し方のスタイルのことです。
この三つを上手に相手に合わせると、聞き上手としてのレベルが跳ね上がります。

例えば、女性から悩み事を相談されているときに、

・相手が前のめりになって話しているなら、同じように前のめりになる
（イスにふんぞり返って、話を聞いてはいけません）
・相手が落ち込んだムードなら、同じように沈痛な表情を浮かべる
・感情が高ぶっていたら、同じように感情レベルを上げる
・ぽつりぽつり話していたら、ぽつりぽつりと相槌を打つ

すると、女性は自分と同じ感情を共有してくれていると感じます。これは、自分と同じ「態度」「ムード」「話し方」の男性を、自分と同じ感情を抱いていると錯覚するからです。
逆に、相手が真剣な話をしているときに、ツメをいじっていたり、「あくび」や「よそ見」を連発したらどうなるでしょうか？

「話聞いてるの!?」と嫌われる態度

あくびをしたり、ふんぞり返ったり、ほかの女の子をチラ見したり、パソコンを見ながらだったり。女性の話を聞くときにこんな態度を取らないこと。

「この人、適当にうなずいているけど、本当は話を聞いてないし、全然違うことを考えている」と思われてしまうでしょう。

私の相談者で、部下の話をパソコンのメールをチェックしながら聞いていることがあるという人がいました。これでは、「オマエの話よりメールのほうが大事」とか、「オレは忙しい。オマエの話を聞いている暇はないんだ」と言っているようなものです。

相手の「態度」「ムード」「話し方」に合わせること。これは、ある意味、空気を読むということです。

空気を読むというと、目には見えないものを察知する能力と受け取られがちですが、「態度」「ムード」「話し方」は形あるもの。この目に見える三つを相手に合わせることは、ある意味、空気を読める人になるということなのです。

若い彼女ができ、仕事の質も上がった男の話

先ほどの「メールをチェックしながら部下の話を聞く」という相談者は、大手の金融会社に勤務し、外見も整った人なので、けっしてモテないタイプではありません。しかし、女性とのデートが一～二回しか続かないことが悩みでした。原因は、部下の話を聞くときのように、女性の話を聞く態度に問題があったのです。

そこで、三つの傾聴技術と空気（態度・ムード・話し方）を相手に合わせたところ、すぐに結果が出ました。年下の可愛い彼女ができたのです。

成功のポイントを聞いてみると、

「趣味や食べ物の好みが合いましたし、出身地も出身校も同じで共通点が多かったんです。でも決め手になったのは、彼女の就職の悩みを真剣に聞いたことでした」

当時、就職活動で大苦戦していた彼女は、はじめてのデートから悩み事や愚痴をこ

ぼしてきたそうです。

そのとき、「ああしろ、こうしろとアドバイスが喉まで出かけたんですが、ぐっと堪えてひたすら話を聞いたんです」。その後も、事あるごとに悩みを聞いているうちにお互いに好意を抱くようになったそうです。

後日、彼女から言われたという言葉が印象的です。

「あなたは、私を受け入れてくれたはじめての〝大人〟です」

二〇社以上から落とされて、自分の存在を社会から否定されているように感じていたとき、自分の話に共感して、すべて最後まで聞いてくれるはじめての〝大人〟だったというのです。

もし、初対面でアドバイスしていたら、「ありきたりのことしか言わない大人」で終わったことでしょう。そうしたアドバイスは、学校の就職相談員や親から言われているのと大差ないか、本人を知らない分、それ以下だからです。

これ以降、仕事で部下の話を聞くときに、メールをチェックしながら聞くのはいっさいやめて、三つの傾聴技術と空気合わせに注意し、真剣な態度で話を聞くようにしたそうです。すると、部下からは報告や相談が増え、コミュニケーションの質ばかりか、仕事の質も上がったそうです。

会話が途切れた危機的状況を打開するには？

会話が途切れてしまった――この危機的な状況を一気に打開する「切り札」があります。この切り札を使うと、たいていの女性はそれまで抑えていた欲求を大爆発させ、涙を流さんばかりに喜んで話し出します（すいません。また大げさな前フリで）。

その切り札とは、「相手の得意なことを質問する」です。

なんだ、そんなことか、とがっかりする前に、次の話を読んでください。人たらしとも言うべきヒントが隠されていますので。

以前勤めていた会社に、伝説のトップセールスと呼ばれた人物がいました。その人は、中小企業を担当していました。中小企業の多くは良くも悪くもトップ次第。このため、そのトップセールスは、はじめて訪問するにもかかわらず、いきなり横柄にも社長を指名するのです。

その上、ずうずうしいことに、会う前に電話で「会社のパンフレットを用意して、それを説明してくれませんか？」と頼み事までする始末。

しかし、訪問当日、どんな社長でも涙を流さんばかりに喜んで、次の約束をすっ飛ばしてでも話し続けるそうです。この間、そのトップセールスがやったことは、ただひたすら話を聞くだけ。それだけで、社長のハートをがっちり掴んでしまうのです。

この話のポイントは、「人は思い入れのある話をするのが、最高に好き」ということです。

このケースは、中小企業の社長さん。彼らは、自分で会社を興して手塩にかけて育てたという思い入れが強いのです。

そんな我が子のような会社の話を〝何時間でも〟好きなだけ話せる機会はあるようでないもの。社員にそれをやったらウザいと思われるし、家族には「またですか？もういい加減にしてください」って煙たがられてしまうし。社長といえども、そういう機会は意外なほど少ないものです。そのため、自分の会社の話を思う存分話した後は最高に気分がよくなり、その聞き手に強烈な親近感と好意を抱くわけです。

恋愛も同じことです。

もしあなたが、相手のハートを掴みたいなら、その人にとって思い入れが強い話をひたすら聞いて、その人の心の深くにある「熱い思い」をすべて吐き出させましょう。女性の仕事のことや、愛するペットの話、打ち込んでいる趣味やサークル、熱狂的なファンの歌手や韓流スターのことなど。

もし女性の反応がぐんとよくなったら、それは「思い入れの強い」話題でしょう。この金脈と言っていい女性の話を掘り起こせたら、女性のハートを鷲掴みにする絶好のチャンスを手にしたということです。

そしてこのテクニックは、会話が途切れたときに使っても効果的なのです。忘れないでください。「相手の得意なことを質問する」が切り札です。

次は、同じ質問でも、やたらと質問を〝連発〟する人の話です。

芸能レポーターが煙たがられる理由

「聞き上手はモテる」。この言葉尻だけ捉えて間違った行動に走る人がいます。そして例外なく、女性に煙たがられます。それは、質問を連発する人です。

芸能レポーターを思い浮かべてください。

映画やドラマのプロモーションの場で、場違いな質問を次から次へと連発して、ゴシップネタを引き出そうとする芸能レポーターって煙たがられますよね。それと同じことです。

質問を連発する人は、話し手のことを考えていません。自分の聞きたいことばかりに意識の焦点が当たっているのです。つまり、自分本位。自分が聞きたいことばかり考えているので、相手が話しているときに次の質問を考えていることさえあります。

質問攻めって居心地が悪いものです。落ち着いて話せませんし、楽しくありません。人は誰しも最後まで自分の話を聞いてほしいもの。思っていることを口にして吐き出す前に、次の話題に移ってほしくないのです。

「聞き上手」とは、相手に楽しく語らせる人のことです。自分が聞きたいことを相手から上手く引き出せる人のことではありません。

「聞き上手」ではなく「話させ上手」と言ったほうがいいかもしれません。自分が聞きたいことよりも、相手の話したいことを優先するのが重要。質問連発にはご注意あれです。

女性との会話が行き詰まる「座り方」

会話がスムーズにいくかいかないかを左右する、しかし多くの人が気にしていないポイントがあります。それは、「座る位置」です。

きっと場所のせいだが、なんだかよくわからないけど、女性との会話に息苦しさを感じた。そんな経験があったら、それはその場所に居ついている地縛霊の仕業ではなく、座る位置が悪さをしたのです。

ここで質問です。

給料を上げ下げする労使交渉をするとき、どのように座りますか？

答えは、「机を挟んで向き合って座る」です。これが緊張感の高い真剣勝負モードを演出するのです。バーのカウンターで横並びに座って、まったりと交渉する人なんかいませんよね？

女性との会話も同じことです。

デートの場所、例えば喫茶店で、机を挟んで向き合って会話すること。特に初デートや初対面のときはこの位置関係はよろしくありません。なかなか、打ち解けられないものです。

この「向き合って座る」は、お互いの緊張感を高めます。知らず知らずのうちに腕を組んでしまうのは、この「面と向かって話す」場合が多いのです。無意識に腕を組むというのは、大事な心臓部分をガードすることですから、打ち解けていないし、リラックスしていないということです。デートのときには相応しくない座り方です。

座り方でいいのは、L字型か、横並びです。

デートで避けたい座り方はどっち？

面と向かう座り方は、緊張感と沈黙を生み出しやすい。デート向きではなく、団体交渉向き。一方、横並びやL字型は、リラックスして会話を弾ませることができる座り方。

L字型というのは、四人掛けのテーブルの角に二人で座る座り方。英語のLに形が似ているので、L字型と言います。ソファをL字型に並べるのも同様です。

この二つの座り方は、緊張感がやわらぎ、リラックスできる位置関係です。二つとも、外の景色や店員の動きなど、話のネタになりそうなものをお互い見ていること、そしてそれが視線の逃げ場になっていることが利点です。

デートのとき、座る位置関係は重要です。

「面と向かって座る」ような席は、デートのとき（特に初デート）は避けてください。L字型か横並びの場所を確保してください。これが、デートで成功するための「環境整備」の重要ポイントです。

会う前に仲良くなっているという夢のような話

私はカウンセリングのとき、相談者の方から「いかにデートで恥ずかしい思いをしてきたか」という話を聞き、身につまされることがあります。

初対面のデートで、緊張のあまり妙にハイテンションになって、女性から「イタい」と引かれてしまったり、普段は言わない「おやじギャグ」をつい連発してしまったり、沈黙に耐えられず、しりとりを提案したら失笑されたり……。

私の相談者は、社会人経験がそれなりにある人ばかりです。それが、慣れないことをやって、挙動不審になるというのです。実に切ない話です。

このような人への処方箋は、

会ってから仲良くなれないなら、会う前に仲良くなれ

です。

具体的には、インターネットで女性と知り合い、メールのやりとりをしたり、ブログを読ませたりして共感を積み重ねること。すると、実際に会う前から親近感がわいたり、好感度を上げることができるのです。

私はネットで出会った女性から、「はじめて会った気がしない」とよく言われます。

それは、プロフィールページで人となりがわかるし、会う前に女性が私の日記を読んでいるからです。タレントのブログを読んでいると、会ったことがないのに、すごく身近な人に感じられませんか？　それと同じ効果です。

ＳＮＳのコミュニティを使う手もあります。私の相談者で、コミュニティで知り合って、好きなアーティストや歌手の話題で盛り上がり、初対面から女性と意気投合した人は何人もいます。気心の知れた「趣味のお友達」感覚のスタンスで向き合えるからでしょう。

また、メールをやりとりし、ブログを読んでいれば、会話のネタがどんどん増えていきます。

「あっ、そういえば中国に留学してたんだよね？」とメールやブログで仕入れたネタを振って、その話をさらに詳しく聞くということが可能になるからです。会ってから、「何を話せばいいんだろう」など不安に陥ることはなくなります。

高度情報化社会の昨今、このようにして、ネットを通じて「会う前に仲良くなる」というひと昔前なら夢のようなことが現実化するのです。

ここまでの話をまとめて整理してみましょう。

中年男性が無理なく会話力をアップさせる方法の基本的な考え方は、会話はその場のパフォーマンスだけではない、というもの。会話力とは、話す環境や事前準備も含めた総合力です。

その背景には、中年男性は、会話スキルを上げる反射能力や学習能力が落ちているということがあります。「習うより慣れろ」や、「あれもやれ、これもやれ」と考えさせながら会話力を上げる方法は、中年男性には不向きでしょう。

具体的には、次の三つを心がけてください。

1─シンプルで女性が喜ぶ「話を聞く技術」に集中する

2─話しやすい環境を準備する（座る位置は、L字型か横並び）

3─メールやブログを通じて、会う前に親近感を抱かせるのも効果的

これであなたも、無理なく会話力をアップできるのです。

最も嫌われるのは「上から目線」の中年男性

ここからは、会話力をさらにステップアップさせるためのヒントを教えます。

その前にまず、嫌われるおじさんのコミュニケーション・スタイルについてお話ししましょう。

結婚相談所で、最も相談員を困らせて、最も女性会員から嫌われるのは、「上から目線の中高年男性」だそうです（「プレジデント50＋（フィフティプラス）」二〇〇九年一〇月二三日号別冊より）。

こういうおじさんは、相談員に対して「ちょっと、キミ、おたくの業績はどうなの？」とか、「こんな高い金取って何をしてくれるのかね？」など、完全に「上から目線」。そして命令口調。アドバイスしてもまったく聞く耳持たずなんだそうです。

その上、紹介された女性とのデートでは「女性を強引に連れ回した」上で、「一方的に過去の自慢話に終始」するのだとか。

とーぜん、断られるわけですが、本人には自覚症状がなく、「なんで断られるんだ！」と、相談員に怒鳴り込み、「会社の若い子はオレの話を嬉しそうに聞くのに、なんだ、おたくの会員は！」と、他責にする始末だそうで。

この話を聞いて、わたしゃ、「それじゃあ、裸の王様でしょ……」って、つぶやきシローしたくなりましたよ～。

きっと、こういう人は会社ではそれなりの地位があって、上からバシバシ命令していればよかったのでしょうが、その陰で何人もの部下が傷ついてきたのでしょう。人様の気持ちを推し量ることをしてこなかったツケが、ここへきて回ってきた、ということなんだと思います。上から目線は、ＮＧです。
同じ類の話をもう一つしておきます。

「黙って俺についてこい」はもう古い？

「黙って俺についてこい」ってセリフ、最近聞かなくなりましたね。ひと昔前には、モテる男のキーワードとして、しきりと語られていた記憶がありますが。
この「黙って俺についてこい」。デートの場（特に初デート）で、使い方を誤ると女性からブーイングをくらってしまいます。「もう二度と会いたくない」と思われてしまいます。

例えば、先ほどの例を元に解説すると、

・（行動）　相手のことはお構いなしに、一方的に相手を連れ回す
・（その心）「黙って俺についてこい。美味しいもの食わしてやるから」

・（行動）　仕事の成功話を一方的に語る
・（その心）「黙って俺についてこい。いい暮らしさせてやるから」

どうでしょう、こういうの。

女性の立場になって、その気持ちを想像してください。もしそれが難しいなら、上司に無理やり飲みに連れて行かれて、自慢話を延々と聞かされたときのことを思い出してみてください。ぶっちゃけ、イヤだったでしょう？

その場では、うなずいたり、ニコニコしたりしているけれど、心の中では、「あ～、早く解放されたい……」って思っていませんでしたか？

女性だって同じです。仕事の付き合いの場でなく、デートならなおさらそう。

では、どうしたらいいのでしょうか？

それは、「熟女に学べ」です。

熟女に学ぶ人たらしのテクニック

熟女バーというのが密かなブームだそうです。

カウンターにずらっーと並ぶのは、すべて熟女。お客さんが店に入ると、「お帰りなさい」と迎えてくれる。

そして、仕事の愚痴や、奥さんへの不平不満を「うん、うん、あんたも大変ねー」と、熟女たちは熱心に聞いてくれる。お客さんは心の中のモヤモヤを吐き出すことができ、熟女の笑顔に癒されて家路に就くそうです。

これです！　これ！「熟女に学べ」です。

今の世の中、生きづらい……。

女性も仕事をして、いろいろなストレスにさらされています。お局社員からチクチクやられるだけでなく、就職氷河期や派遣切り、リストラを身近なものとして体験したりして、イマドキの女子たちはけっこう疲れているのです。

だから、自分が語りたいのをぐっと堪えて、女性の話を丸ごと受け止めて「うん、うん、あなたも大変ねー」って聞いてみてください。おじさんの株は、ぐーんと上がることでしょう。

ひと昔前、「俺についてこい」が支持されたのは、時代性もあるでしょう。

その当時、女性は専業主婦が当たり前。「俺についてこい」はこうした時代背景にマッチしていたわけです。高度成長期には、昨日より今日、今日より明日と、暮らしがどんどん良くなってきたので、「貴方についてきてよかったわ」と、「俺についてこい」が、空手形にならずにすんだわけです。

でも、もう時代が違うんですよね。

第一、「仕事の成功話を一方的に語る」。これ、いかがなものか。「織田信長や坂本龍馬が語る」だったら、若い女性は目をランランと輝かせて話を聞くでしょう。

自分の思い入れのある仕事の話を語りたい。この気持ち、よーくわかります。しかし、相手の女性も同じ気持ちを抱いているのです。自分の仕事の話を聞いてほしいのです。

熟女の包容力で、言い換えるとお母さんのような包容力で、「うん、うん、大変だねー」と相手の話を聞いてみてください。

女性は心の中のモヤモヤを吐き出すことができ、あなたに癒されて、「また会いたい」と思うことでしょう。

実は、下から目線も嫌われます

上から目線は嫌われますが、目線を逆に取るのもいかがなものか。

つまり、「下から目線」です。

若い女性から嫌われる典型的なおじさんメールがあります。それは、「年齢より若く見られます」というコメントです。何人もの女性から聞きましたが、「卑屈な感じがしてイヤ」なんだそうです。

また、せっかくデートしているのに、「ミキさんは若いから、僕みたいな年が離れた男は嫌ですよね」と言われるのも、「卑屈な感じがしてイヤ」。好意があるからデートしているのに、恐る恐る下から目線でお伺いを立てるような物言いが嫌いなんだそうです。

というわけで、下から目線もやめましょう。

戦略的な「自己開示」のススメ

仕事でも恋愛でも、相手と距離感があって「どこか、よそよそしい人」って、けっこういます。先ほどの「下から目線」の人も、そうした態度を取りがち。

仕事では誰よりも業務に詳しいのに、周囲の受けがよくない人。モテる要素を持っているのに、いまいち、女性の受けがよくない人。この「どこか、よそよそしい」と思われてしまう人への処方箋、それは「自己開示」です。この「自己開示」が上手くできないと、実力以下の扱いを受けてしまうでしょう。

一〇年以上前の話です。

当時は、男女のマッチングサイトのプロフィールページに、写真を掲載することができませんでした。だから、そこで知り合った女性と会うことには、ある種の賭けが伴いました。なぜなら、会ってみるまで外見がわからないからです。

この賭けを確実なものに変えようと、私は「似ている芸能人は誰ですか？」と、会う前にメールで聞いたものです。私の経験上、「似ている芸能人はいません」と答える女性は、「外見に自信がない」か、「キミってアントニオ猪木に似ているね」と言われたことがあるか、まぁ、そんなところです。

私の知り合いに「出会い系で一〇〇人の男と会った」というツワモノの女性がいますが、その彼女も「似ている芸能人はいません」という男はNGなんだそうです。

こうした男性は、他に個人的なことを質問しても、「ご想像にお任せします」とか「当ててみてください」とか、質問には答えず、はぐらかすばかりだと言います。

私の相談者の中にも、「自分を出すのが苦手」という人が何人もいます。そういう人は異口同音に、「相手は自分の話なんか聞きたいとは思っていないですよ」と、下から目線で自分を卑下するのです。

しかし、これでは仲良くなることはできません。なぜなら、人は相手の人間的な側面に接したときに好意を持つからです。

恋愛における「ザイアンスの法則」

「人は相手の人間的な側面に接したときに好意を持つ」。これは、「ザイアンスの法則」といって、人の心理と行動を解き明かすかなり有名な法則です。

ビジネスの世界では、この法則は大いに活用されています。というより、法則としてあえて意識せず、当たり前のこととして実践されているのです。

例えば、営業の世界では仕事の話も重要ですが、プライベートの失敗談や家族の話をするのが有効とされています。そうした話で、お客さんに自分の人間味を感じさせ、好感を抱かせることができるからです。この好感が「あなたが、そんなに言うんなら」と「無理を承知」のお買い上げにつながったりします。

恋愛も同じです。

なぜなら、仕事と同じで、人間関係がベースになっているからです。むしろ恋愛のほうが、この「自己開示」が重要でしょう。

営業の世界には商品があります。「自己開示」しなくても、よそよそしい営業でも、商品が他から手に入れられず、必要なものなら、商品自体の力で売れます。

一方、恋愛の世界では、自分自身が商品です。

自分は「他の男たちとは違う」「キミに必要な男だ」と相手の女性に訴えかける必要があります。自己開示とは、ある意味「商品説明」なのです。自分という商品を買ってもらうためにも、自己開示は必要なのです。

「非自己開示の三原則」

しかし、何でもかんでも「開示」すればいい、というわけではありません。特に女性と親密になるまでのフェーズでは、「自己開示」のやり方に細心の注意を払う必要があります。

注意すべきなのは、次の三つです。

1―自慢話
2―共通点のない話
3―「ありのままの姿」をさらけ出す

私はこれらを「非自己開示の三原則」と呼んでいます。やってはいけない「自己開示」ということです。もしやったら致命傷を負う可能性さえあります。

実際、仲良くなるまでのフェーズで女性に嫌がられるのはたいていこの三つです。

このことを裏付ける興味深いアンケート調査もあります。初対面の女性に嫌われる話題に関する調査です。テーマは、「合コンで異性に熱く語られるとウザいと思う話題ランキング」（ｇｏｏランキング調査より）。結果は、次のようなものでした。

1位　家族の社会的地位の高さ
2位　自分と面識のない他人のこと
3位　最近の経済の動向
4位　最近の国内・国外政治の動向
5位　理想の恋人
6位　マニアックなコレクション
7位　お酒のうんちく
8位　過去の思い出
9位　若いころにした悪さ
10位　仕事

1位の「家族の社会的地位の高さ」などは、自慢そのもの。しかも、家族の話で本人の実力ではないので、よけいに嫌われるのです。6位の「マニアックなコレクション」は、まさに共通点がない話。9位の「若いころにした悪さ」って、面白味のない場合、単なる「ありのままの姿」のさらけ出しです。

他も、大なり小なり「自慢」「共通点のない話」「ありのままの姿のさらけ出し」の要素を持っています。

「非自己開示の三原則」を忘れないように注意してください。

では、逆に「良い自己開示」とはどんなものなのでしょうか？

それは、「共感」を呼ぶ自己開示です。

戦略的な「自己開示」の公式とは？

仲良くなるまでのフェーズで必要なのは「共感」を呼ぶ自己開示です。

では、「共感」って何でしょうか？　私は次の公式で表されると思っています。

「お互いに共通するテーマ」×「価値観が似ている」

簡単に言うと「共通点」があるってことですね。

探し方は、次のような話題を振ればいいでしょう。二つか三つは必ず共通点が出てくるものです。

・趣味（スポーツ、音楽、食べ物など）
・旅行（行った場所、好きな場所、行きたい場所）
・共通の知り合いネタ
・芸能ネタ（好きなドラマ、お笑いなど）
・学生時代のアルバイト
・家族の話（何人兄弟？　誰に似てる？）

相手の女性の話から共通点が出てきたら、自分の経験や価値観を語ります。つまり、「自己開示」するのです。

ただし、自慢にならないように節度を保つことが重要です。「共感」だけでなく、「尊敬」を得られる自己開示も効果的ですが、女性への提示の仕方を誤ると（上手にプレゼンテーションできないと）自慢に受け取られてしまいます。

自慢と受け取られないためには、相手の女性や他の人と比較をして、自分の優位性を誇示しないことです。例えば、旅行の話だったら、「パリに二回行かれたんですか。僕は七回も行ってます」など。むしろ、「僕も大好きで何回も行ったよ。パリでどんな所に行ったの？」と共通点を探る質問をするべきです。

このようにすれば、確実に「共感」を呼ぶ「自己開示」となります。くれぐれも自慢にはならないように。その点にさえ気を付ければ、どこかよそよそしい印象は消えてなくなり、女性との距離はぐんと縮まることでしょう。

年齢はサバを読むべきか、読まざるべきか

何気ないウソが、後から当人を苦しめることがあります。

「年齢のサバ読み」もその一つです。四〇歳からはじめる恋愛活動には、「年齢のサバ読み」問題に直面することがけっこうあるので、要注意事項です。

結論から先に言うと、「年齢のサバ読み」はやめたほうがいいです。

かつらがバレたときには、弁解の余地がありますし、同情の余地もあるでしょう。

また、単にイメージアップという前向きの捉え方もあります。

しかし、年齢のサバ読みには弁解の余地がありません。

例えばの話、「いや〜、僕の生まれ育った村ではさぁ、一年間って、一二カ月じゃなくて、一五カ月なんだよね」なんって弁解は通用しませんよね。明らかに、ウソをついたことになるのです。

それまで積み上げた好感や信頼は地に落ちます。そこから関係を修復するのは難しいものです。また、本当の年を隠し続けるのは後ろめたさがあってつらいものです。

こうした理由からも、私はサバを読むことはお勧めしません。

また、「年齢のサバ読み」はひょんなことからバレるものです。

私の相談者で、ドライブ中に検問があり、窓越しに運転免許証を渡したところ、ご丁寧に警察官が生年月日を読み上げてバレたという人がいます。

また、別の相談者からは、「軽い気持ちで付き合ったら、本気になってしまい、結婚を考えているがどうしたらいいですか」という相談を受けたことがあります。バレなくても自分から明かさなくてはいけなくなることもあるのです。

サバを読むというのは単なるその場しのぎです。もし、女性と長期間の関係を築くことを望むのなら、サバ読みはやめましょう。後からしっぺ返しがありますから。

私は、女性と仲良くなるまでのフェーズでは年齢を問題化させない戦術が有効であると考えます。選挙でいえば、争点にしないということです。

例えば、初デートのときに、女性から「ところで、お年おいくつなんですか？」と聞かれることがあります。

こんなとき、さも何でもないかのように、ずけっと「ことし、四五歳だよ」と答えると、「へぇー、そうなんだ」と、たいていこれで終わります。

相手の女性が驚くときは、年齢と外見にギャップがある場合がほとんどです。

「えっ、見えませんーー。もっと若いと思ってましたー」

という反応です。

私の相談者で、年を言った途端に、イスから腰を浮かせて驚いた女性がいるそうですが、それはこの年齢と外見のギャップに驚いたケースです。

逆にまずい対応は、言い訳がましいことを自信なさ気に話すことです。失敗するのはたいていがこのケース。聞かれてもいないのに、「人間ドックに毎年通っていますから大丈夫です」とか、「両親共に健在です。介護の必要はありません」とか。

蛇足というやつですね。これは「中年は健康に問題あり」とか「介護問題もあるよ」と、はじめから自分で自分の評判を落としているようなものです。

スーパーの店員が、「賞味期限切れてるよー」と呼び込みしているのと同じです。

結婚相談所から紹介された女性なら話は別ですが、たいていの女性はデートを楽しみたいのであって、結婚条件をすり合わせようとは思っていません。

年を聞かれたら、ずけっと答えれば、それ以上は深掘りされることはありません。ただし、ドギマギして答えると、「何かあるのかしら？」と突っ込まれることがあるので注意してください。

もし仮に年齢が理由で女性が離れていったら、縁がなかったとあきらめるしかありません。女性は星の数ほどいるのですから、ダメだったら「次いこう」です。

「告白」をやめて「口説く」にしよう

イマドキの若い男性向けの恋愛指南本を読んでいて、あることに気がつきました。それは、女性へのアプローチのスタンスが「告白する」なんです。

私はこれにすっごい違和感を覚えます。なぜなら、私たちおじさん世代が若かりし頃、恋愛指南本のスタンスは「口説く」だったからです。

告白するというのは、「す、すっ、好きです……」と、（ほほを赤らめながら）自分の気持ちを相手に伝えて、相手の意向に従うという受け身の行為です。

一方の「口説く」は、相手の意向を踏まえた上で、「今夜、一緒に過ごしたい」など具体的な行動を提案したり説得する行為です。

大半の女性は受け身のスタンスですから、男性に告白されて、「じゃあ、今夜、一緒に過ごしたいわ～」なんって言い出しませんから、「口説く」のほうが圧倒的に女性を手中にできる確率が高いわけです。

告白＝気持ちの伝達　vs.　口説く＝行動の提案・説得
↓　口説くほうが、より相手に行動を起こさせやすい

そもそも「告白」っていうのは、乙女の専売特許であって、男子がやるのは女々しい気がするし、「告白」をして自分の想いをさらけ出した後に相手にノーと断られるほうがつらいと思うし、「口説く」って、ある種の社交辞令だし、女性に断られても単に行為を否定されただけで、こちらの人格を否定されるわけでもないし……。

「告白」より「口説く」ほうがはるかに気楽、と思うのは私だけでしょうか？

いずれにしても、「告白する」から「口説く」へとアプローチのスタンスを変えたとき、恋愛の成功の確率はぐーんとアップすることでしょう。

「男にリードされたい女」の意味すること

この話のポイントは、具体的な行動の提案や説得は男がするべきということです。多くの女性が「男の人にリードしてほしい」って言いますよね。それは、このことを指すんだと私は思います。

ちなみに、どのくらいの女性が「男性にリードされたい」と思っているかというと、約六割が「男性にリードされたい」と積極的に思っている一方で、「自分がリードしたい」と思っている女性はわずか三・五パーセントに過ぎないという調査結果があります。

残りの約四割は「どちらでもいい（相手による）」と答えているので、こうした分野こそ、年長者としてのリーダーシップを発揮すべきではないでしょうか（「オズプラス」二〇〇九年№5掲載の調査結果より）。

これまで「聞き上手」の効用を説いてきましたが、それは会話の中のこと。すべて女性の言うことに受け身でいるべし、という意味ではありません。

二人っきりのデートの提案、二次会にバーにでも行こうという提案、ホテルに行こうという提案、こうした事柄は男性がするべきなのです。

さらに、その提案の仕方でも相手をリードすることがポイントです。

例えば、「いいイタリアンレストランがあるんだ、どうする?」という相手にゲタを預ける聞き方はよろしくないということです。

この点、石田純一さんはさすがです。

「男性がリードする」を徹底しているのです。けっして相手に「ゲタを預ける」ことはしません。

例えば、イタリアンレストランに誘うときは、「イタリアン好き?」とまず相手に聞くそうです。すると多くの女性はイタリアンが好きですから、「好き」と答えるわけです。そうしたら、すかさず、「じゃあ、行こう」と言い切る。これでもう、行くという流れを既成事実化するんだそうです(石田純一・青田典子共著『デートの罪と罰』講談社刊より)。

まぁ、これは石田純一さんのキャラクターありきの方法かもしれません。

ただし、そこから、モテモテ男の行動原理を学び取ることはできるでしょう。「男性がリードする」つまり、具体的な行動の提案は男がするということです。

話を元に戻すと、「いいイタリアンレストランがあるんだ」の後は、「どうする?」

と女性にお伺いを立てるのではなく、

「行こうよ」

「行きましょう」

「行きませんか？」

どのスタイルでもあなたのお好みで構いませんが、男として紳士として、女性をリードすることをお勧めします。

石田純一に学ぶデートの極意

石田純一さんばかりに登場してもらって恐縮ですが、会話術の最後はすこし視点を変えて、「石田純一に学ぶデートの極意」をお届けしたいと思います。

このヒントは、会話をスムーズにするための手助けにもなりますよ。

石田さんが結婚を発表した翌日、「できれば自分も、一回りも二回りも年下の女性と結婚したい」という希望者が結婚相談所に殺到したそうです（「プレジデント50＋（フィフティプラス）」二〇〇九年一〇月二三日号別冊より）。

そりゃあ、五〇代半ばの男性が二二歳年下の美女と結婚と聞けば、「よしゃ！　オレも」と思うのは無理からぬこと。しかし、一見、軽薄そうにみえる石田純一さんですが（石田さん、ごめんなさい。そう思う人が多いようなので）、女性を虜にするために、すごーい努力をしているのを、みなさん、ご存じでしょうか？

その努力の一端が、彼のデート術にあります。

実によく考え抜かれているのです。

自らのデート術を赤裸々に告白した彼の著書『デートの罪と罰』で、このことが克明に語られています。この本を読むと、なぜ石田さんがモテるのか、そして、なぜ彼のデートが女性のハートをバクバクと高鳴らせることができるのかがよーくわかります。

男の私でさえ、こんなデートをされたら、思わず「抱いてください」って口走ってしまうでしょう。それほどスゴイのです（たびたび大げさな前フリですいません）。

石田さんのデートの秘訣をまとめると、ポイントは次の三つになります。

1 ― 非日常感

2 徹底的な事前準備
3 女性本位

例えば、「非日常感」でいうと、世界最高のピザを食べにわざわざイタリアのナポリに行く。なんてことをしちゃうらしいのです。しかも、「今度の土日にどう？」といった軽いノリで。

最高のピザといっても、せいぜい六〇〇円程度。しかし、女性からしたら、仕事で疲れた雑踏の日本の街から、中世の雰囲気があふれるロマンチックな街へ、何気にさくっと連れて行かれたらどうなるか。みなさん、想像してみてください。

私だったら、そちらの趣味はありませんが、「抱いてください」って、パンツをずり下げてしまうでしょう（な、わけないですか）。

ここで学ぶべきは、「お金をかけた仕掛けをする」ではなく「非日常感」が女心をときめかす、ということです。「非日常感」を感じさせるデートのネタは、お金をかけなくてもたくさんあります。

・水上バスに乗る　…一〇〇〇円程度

・美術館に行く　……二〇〇〇円程度
（たいていアート感のあるカフェがありますし）

恋愛のスーパー達人の石田純一さん。この人の話を、「芸能人だし、お金持ちだし、参考にならない」と思わず、そこに秘められた万人に通用するコツをぜひ、知ってもらいたいなぁって思います。

この「非日常感」は、すごく重要なキーワードなので、もう一つお話を。

涙を流すほど感動させるコツ

京都吉兆といえば、日本を代表する名門料亭です。二〇〇九年には、かのミシュランから栄えある三ツ星が嵐山本店に授与されました。栄光を極めるこの料亭、しかし一時は債務超過に陥るほど落ちぶれたことがあったのです。

この名門料亭をどん底から這い上がらせた最大の要因が、「非日常感」なのです。

京都吉兆の再建に取り組んだとき、社長の徳岡邦夫さんは、「お客さまを感動で泣かせる」という大胆な目標を立てました。そこで徳岡さんは、人が感動して泣く仕組みを調べるため、京都大学の先生に教えを請います。

結果、得た答えは、「日常と非日常のギャップが涙を生む」というもの。

人は日常生活の中で、いろいろなストレスにさらされています。このストレスを溜めたままでは生きる意欲が衰える一方。そこで防衛本能として非日常を求める。そして、非日常を経験することで脳内物質が分泌され、日頃のストレスを洗い流すように涙が流れるのだといいます。

この仕組みを学んだ徳岡さんは、「非日常感」を提供することで、名門料亭を見事なまでに復活させることができたそうです（「THE21」二〇一〇年二月号　徳岡邦夫「なぜから始める仕事論」より）。

「非日常感」がこれほどまでに人を感動させ、心を揺り動かすのです。

もし、「来週の土曜に特別なデートがあるんだけど、何すればいいだろう」と悩んだときは、ぜひ、この「非日常感」を思い出してください。女性を喜ばせるための大きなヒントとなるでしょう。

もう一つ、特別なデートを成功させる秘訣があります。

特別なデートを成功させる秘訣

石田純一さんの秘術ともいうべきデート術。三つのポイントを先に挙げました。その中の二番目が「徹底的な事前準備」。こちらもスゴイです。頭が下がるくらい。そして参考になります。

例えば、花火を見に行く場合、石田さんは「前の年に男同士で行って事前にリサーチをする」そうです。

花火大会に女性と行ったことがある人はわかると思いますが、

・会場までの移動をどうするか（道も電車もすごい渋滞になります）
・どの場所で見たらいいのか（盛り上がるかどうかは場所次第）
・女性のためのトイレの場所

などなど、いろいろと考慮すべきことが多いからです。

さらに石田さんは、花火だけで終わらせずに、花火の後のイベントもしっかり考えるそうです。

これって意外に盲点ですよね。花火だけ見て「はい終わり」「じゃあバイバイ」では、わざわざイベントを活用する意味がないですし。

そのため、会場のどこが花火が見やすいか、どこにトイレがあるかなどを事前にリサーチして、前後のイベントも含めて段取りをしっかりするそうです。花火当日はハプニングが必ずあるもの。しかし、段取りをしっかり組んでシミュレーションしておけば、心に余裕があり柔軟に対処できます。

これは、特別な大イベントである花火大会だけでなく、普段のデートにもあてはまる心得ではありませんか。

例えば大事なデートのときには、

・直前の準備とそのための時間をしっかりと確保（例　身なりを整える）
・デートの場所は女性が喜び、かつ話が弾む場所を確保
（例　夜景が綺麗なレストラン、L字型か横並びの席）
・食後にじっくり話ができるバーなどを確保
・勢いがついた場合の遊戯場所（ホテル）を確保（これは半分冗談です）

などなど段取りをしっかりやっておくことが成功の確率を高めます。

もう一つ言いたいのがマインドの重要性です。

石田さんは、女性と「花火を一緒に見る」という視点ではなく、女性を「花火にエスコートする」という視点からすべての行動を組み立てています。

例えば、花火大会の会場にあるのはたいてい数少ない仮設トイレで、非常に混むのが難点です。そのため石田さんは、女性の具合を観察して、そろそろかというときには彼女のために並んで順番を待つそうです。

なんという徹底した顧客志向でしょうか！

相手の立場になって「どうしたら喜んでもらえるか」「何をしたら評価してもらえるか」を考え抜いているのです。

この点はすごーく見習うところだと思いませんか？

自分本位ではなく、相手本位。ここに、五〇代半ばのおじさんが二二歳年下の美女と結婚できる秘訣の一端があるのです。

第4章

おじさんの出会いを量産する「価値観×ネット」戦略

婚活で「足切り」される厳しい現実

「そもそも出会いがない」というのが、中年男性が恋人探しや婚活をする上で、ぶち当たる大きな壁、そして深刻な悩みではないでしょうか？　私は相談者から、この手の嘆きを何度聞いたことでしょう。

気がつくと、身の回りから合コンや紹介話が激減します。話を持ち込んでくれる友人が次々と結婚していなくなるのが主な原因です。

「今さらクラブ（昔でいうところのディスコ）に行くのも気が引けるし、職場にも適当な子がいないし……」となると、「しょうがないや」と重い腰を上げて、いま流行りの婚活業者主催の「出会いの場」に出かけることになります。しかしそこには、いい話などほとんどありません。

なぜでしょうか？

そうした出会いの場では、「年齢」が決定的なマイナス要因になるからです。

婚活パーティー、結婚相談所、婚活サイトなどの出会いの場は〝非常に効率的に〟希望条件の異性を紹介するシステムを提供しています。婚活パーティーにおける参加者全員と自己紹介し合えるシステムや、結婚相談所や婚活サイトの検索システムがこれにあたります。

こうしたシステムでは、大勢の中から瞬時に相手を選ぶため、わかりやすく数値化できるものが判断基準として優先されてしまいます。

このため、「年齢」をはじめとする外面的な条件（他には「年収」「外見」「学歴」など）が重視されることになるのです。

これは何を意味するのでしょうか？

われわれ四〇歳以上の者にとって、婚活の場では、「年齢」が決定的なマイナス条件としてクローズアップされるということです。

例えば、四〇歳以上の男性は子供が成人前に定年になるという理由から大半の女性の希望条件から外れてしまうし、五〇歳を超えると親の介護問題でさらに敬遠されてしまいます。四〇歳以上の男性にとって、婚活の場は一次審査で大半の女性から「足切り」されてしまう場なのです。

そもそも、中年男性が参加できない婚活の場さえ存在しています。

第1章でも触れたように、婚活パーティーでは年齢制限を設けていて、四〇歳を過ぎると参加できるものが極端に少なくなります。ある有名な婚活業者主催のパーティーでは、四〇歳以上の男性が参加できないものが約八五パーセント。残りの一五パーセントは四〇歳以上でも参加できますが、弁護士、医者、会計士など定年がなく高収入のごくごく少数の男性に対象を限定しています。

つまり、大半の四〇歳以上の男性は「門前払い」されてしまう場なのです。

そして、婚活の場には厳しい競争があります。

婚活パーティーのフリータイムでは、キレイな女性に男性が群がります。婚活サイトでは女性が登録したとたん、一〇〇人近い男性からメールが殺到します。後者だったら、一〇〇対一の競争になるわけです。これじゃあ、勝負になりませんよね。

出会いの場には、出会いを求める男性が集まり、競争が生まれ、競争条件に優れたものが勝利する。これは至極当たり前の話です。

われわれ中年男性は、「年齢」という決定的に不利な条件を抱えています。このため、競争条件に優れているとは言いがたい。お金持ちや人気の職業を除くと、大多数の中年男性にとっては決定的に不利なハンデのある勝負を強いられる場なのです。

逆に言うと、こうした条件が優れた男性にとっては、非常に効率的に、女性と出会うことのできるシステムです。しかし、大半の中年男性にとっては、非常に効率的に、ふるい落とされるシステムであると言えるのです。

婚活パーティーの厳しい現実

年収は？
出身校は？
親との同居は？
（うわっ～、疲れる）
えっ!?
40 歳以上は入れません
やーねー

40歳を過ぎた男性には、年齢が理由で女性や婚活業者から「足切り」「門前払い」される厳しい現実が待っている。パーティーに参加できても、条件に関する質問ばかり。

出会いの場に、出会いがない——悲しいかな、これが実態なのです。

どんなに内面に輝くものをもっていても、それを知ってもらう前に一次審査で落とされてしまうということです。本来、恋愛や結婚をする上で内面的なもの、つまり相性や価値観、人間性は重要な要素であるにもかかわらず、です。

しかし、変な例えですが、みなさんも風俗店に行って、受付でそそくさと女の子を選ぶとき、年齢やおっぱいの大きさ、顔の可愛さで、相手を選んでしまいませんか？　本来の風俗サービスのベースとなるテクニックや体の相性が、本当は重要であるにもかかわらず。

同じことなんです。大勢の中から瞬時に相手を選び出すとなると、わかりにくく理解に時間がかかる内面的な要素より、表面的なこと、残念ながら、「年齢」「年収」「外見」が判断材料になってしまうのです。

自分自身を客観的に評価して、年齢のハンデに打ち勝てる強力なセールスポイントが見つからなければ、婚活の場は避けて通ることをお勧めします。

では、出会いの場の定番ともいえる「合コン」はどうでしょうか？

いい出会いはあるのでしょうか？

合コンはシェア五%のマイナーマーケット

「異性との出会いの場」と聞かれたら、みなさんは何を思い浮かべますか?

けっこう、多くの人が「合コン」と答えます。そして男性陣は、王様ゲームやお持ち帰りなど「合コンは美味しい思いができる」と期待に股間を、いえ、胸をふくらませるのではないでしょうか。

ここに興味深いアンケート結果があります。あるSNSの恋愛系コミュニティで実施されたアンケート調査(二〇〇八年六月実施、一六六三人が回答)です。

質問は、「(過去・現在の)恋人とどうやって知り合ったか?」。

結果は、「合コン」で恋人と知り合った人、なんとたったの五パーセント(!)という驚きの実態が明らかになったのです。

多くの人が恋人と出会える場と思い込んでいる合コンは、シェアわずか五パーセントのマイナーなマーケットに過ぎません。

1位　学校・スクール　……二六%

2位　インターネット　……一九％
2位　友人からの紹介　……一九％
4位　仕事関係　……一八％
5位　合コン　……五％
6位　クラブ　……三％
6位　街中や店でナンパ　……三％
8位　その他　……七％

この結果を見て、「そう言われてみると、そうかも……」と思い当たるフシがある人は多いのではないでしょうか？　過去の合コン経験は、ほとんどが「労多くして功少なし」だったのではないでしょうか？

私が合コンの経験者からよく聞く話をまとめると、おおよそ次のような話に集約されます。

「日程調整、人数合わせ、お店の予約など、とにかくセッティングが大変」

「堅苦しいよそよそしい雰囲気の中、つまらない話をして、二次会に行けば何かあるだろうと夜遅くまで粘っても、結局、メルアド交換が関の山」

そのメルアド交換も親密交際に発展しづらいのでしょう。それは、先の調査結果からも明らかです。

合コンはイメージの割にしょぼい。これが実態なのです。

しかし、ここで大きな疑問がわきます。なぜ、イメージと実態にこれほど大きなギャップができるのかということに……。

合コンでモテる人、モテない人

イメージばかり先行する合コン。理由は、その生い立ちとマスコミにあります。

合コンのルーツは明治時代にさかのぼります。当時、学生が集まって酒盛りすることを「コンパ」と呼んでいました。「男女七歳にして席を同じうせず」という言葉があった時代。このコンパは男女別々に開かれていたのです。

それが、一九七〇年代にもなると、男女交際はおおっぴらになり、男子のコンパと女子のコンパが合同で行われるようになりました。だから「合同コンパ」、略して合コンなのです。

合コン以前は、見知らぬ複数の男女が知り合う機会は滅多になかったため、合コンは画期的システムだったというわけです。

この鮮烈なイメージは、時がたっても色あせることなく、いまでも、マスコミに流れる「人気芸人の誰々がモデル風美女をお持ち帰り」という話を聞くたび、「なるほど、合コンはいい思いができるのだ」と刷り込まれるため、合コンが出会い市場のメインマーケットとして認知されているのでしょう。

そもそも、合コンは万人向けではありません。
合コンで成功する人は次のような人です。

・会話上手
・大勢の人の中でも萎縮《いしゅく》せず、自分を出せる
・異性に対して積極的
・ブランド力がある（芸能人、有名企業の社員、医者や弁護士）

これらを見ればわかるとおり、合コンで成功する人は「他でもモテる人」なのです。結局、合コンはモテる人がいい思いをできる場で、モテない人、つまり恋愛スキ

ルをこれから上げようという人には向いている場ではないんですね。

以上の理由から、「合コンへの期待値は大幅に下げるべし」と提言します。

出会いの場で起きている「ねじれ現象」とは？

マインドシェアという言葉をご存じでしょうか。これは「○○といえば？」と質問されて、ぱっと思い浮かべる製品名や企業名のシェアのこと。

例えば、「絆創膏《ばんそうこう》といえば？」と聞かれたら、多くの人がバンドエイドを思い浮かべます。実際、薬屋さんで「バンドエイドください」と無意識に言ってしまう人が多いそうです。

しかし、バンドエイドは総称ではなくある会社の製品名。つまり、絆創膏の分野では、バンドエイドの「マインドシェアが高い」ということになります。

この「マインドシェアが高いと、マーケットシェアが高い」というのがビジネスの世界の通説です。人々が抱くイメージと売り上げは比例するということなのです。

しかし「出会いの場」に、この法則は当てはまりません。合コンはマインドシェアが高く、マーケットシェアが低い。

その逆に、マインドシェアが低くマーケットシェアが高いのが、インターネットによる出会いです。学校、職場、友人の紹介といった「自然発生的な」身近な出会いの場を除くと、つまり「意図的な」出会いの場では、すでにトップシェアなのです（先ほどのアンケート結果を見てください）。

マスコミでは、ネットでの出会いはネガティブに扱われています。婚活サイト詐欺や援助交際など、合コンとは逆に悪いイメージが先行しています。

しかし、現実には数多くの出会いを生み出しているのです。先の調査では一九パーセントの人たちが恋人と出会い、アメリカでは結婚した人の一二パーセントがネットで知り合ったというデータがあるほどです。

また、インターネットを使った男女のマッチングサービスに、マイクロソフトやヤフー、伊藤忠商事といった大手の資本が続々と進出しているのです。

もう、そういう時代なんです。

せいぜい一回に五〜六人しか出会えない合コン。

一方、数千人にアプローチ可能なインターネット。

どちらに分があるかは明らかでしょう。

恋愛市場におけるマインドシェアとマーケットシェアのねじれ現象に惑わされず、

インターネットを出会いの場として活用すると、われわれの恋愛力はぐんとアップするのです。

ではこのインターネットが、なぜ恋愛力をアップさせるのか、どのように中年男性の出会い力をアップさせるのかについて次から説明します。

四〇歳からの恋愛ネット戦略その1「出会い」

おじさんは年下女性が大好きです。「年は離れていれば離れているほどいい」という人も少なからずいます。

そしてこの需要に対する供給は、確実にあります。年上の男性好きの女性はけっこうな数になるし、中にはひと回り以上年の離れた男性を求める女性さえいます。

もしあなたがこれまで、年上好きの女性と出会えていないのなら、それは単なる確率の問題です。例えば、婚活パーティーが数十万人参加の大規模なものだったら、年上好きの女性と簡単に出会うことができたでしょう。

それだけでなく、あなたとぴったりフィーリングが合う女性、あなたの何かにすごーくひかれてしまう女性と、きっと出会えていたことでしょう。これだけ莫大な人数がいるのなら。

出会いにおいて「量」は非常に重要な要素です。勝率が低くても、量が多ければ「下手な鉄砲も数打てば当たる」となるからです。

四〇歳を過ぎると恋愛の勝率は低下する一方。このため、この考え方はさらに重要性を増すのです。


勝率の低さを、量でカバーする。


これが、四〇歳を過ぎたおじさんが恋愛で成功するための重要な戦略です。

具体的な施策としては、インターネットを出会いの場としてフル活用することです。ネット特有の大規模なスケールメリットを、自らの恋愛に取り入れるということです。

インターネットにおける出会いは他と比べて、アプローチ可能な人数が桁違いに多いのが特徴です。

例えば同じ婚活でも、リアルの世界の婚活パーティーと婚活サイトでは、アプローチ可能な女性の数に大きな差があります。ある同じ条件で比較すると、なんと二桁以上の差がつくのです。

婚活リアル対インターネット、アプローチ可能な人数の比較例を挙げましょう。条件は、女性二五～三九歳、関東在住、短大卒以上、です。

・婚活サイト　↓　四一九〇人

（「エキサイト恋愛結婚」の二〇一〇年八月二〇日時点で活動中の会員情報より）

・婚活パーティー　↓　三〇人

（女性の募集定員等から参加人数を算定）

手間にも大きな差があります。

婚活パーティーは、わざわざ会場に出向く必要があります。電車やバスを乗り継いで家から一～二時間。髪を整えたりヒゲをそったりと、それなりに身なりを整える必要もあります（もちろん、手間をかける楽しみを否定するものではありませんので、念のため）。

一方、ネットでの出会いは、パソコンとインターネットにつながる環境さえあれば、いつでもどこでも、都合のいい時間、都合のいい場所でできます。寝起きにパジャマのまま、お風呂上がりにパンツ一丁でも可能というわけです。

つまり、「時間対効果」の生産性、「手間対効果」の生産性ともに、インターネットがリアルの世界を大きく上回っているのです。

こうした特性が、「恋人とどうやって知り合ったか？」という先ほどの調査結果におけるネットのシェアの大きさの一因なのでしょう。

そうした中、インターネットでの出会いには「怪しい」イメージが付いてまわります。しかし、それは偏った認識です。一部の悪徳業者やごく一部のユーザーの詐欺行為を過大にとらえすぎているのです。いまや、マイクロソフトやヤフー、伊藤忠商事のような大手資本が運営しているサイトさえありますし、ミクシィやGREEのような社会インフラ化したサイトさえあるのです。

ポイントは、良質サイトを選んで、悪質ユーザーに関わらないこと。使用上の注意を守り用法を正しく守れば、この文明の利器から巨大なメリットを得られるということです。

四〇歳からの恋愛ネット戦略その2「自己アピール」

初対面の女性に自己アピールするのって、けっこう難しいものです。私の相談者の中にも、「仕事では上手くできるんだけど、女性相手だと苦手なんだよね……」という人が少なからずいます。

しかし、これが上手くいかないと女性との関係が進展していきません。

リアルの世界の出会いの場では、短時間に、しかも大勢の人の中で萎縮せずに自分を出さなくてはいけないという難しさがあります。

例えば、婚活パーティーでは、自己アピールできるチャンスは、異性の参加者全員との二～三分の自己紹介タイム、そしてフリータイムの数分間です。こうした短い時間では、自己アピールできることは限定されてしまいます。

しかも、婚活パーティーの場合は、人によっては大変な心理的苦痛を伴います。

例えば、女性が輪になって座っている周りをぐるぐる回されながら、自己紹介するシステム（通称「回転ずし」）では、私の相談者の方いわく、「女性は『出身校は？』と条件ばかり聞いてくるんです。それでも話の糸口を何とかつかまえて、さぁこれからっていうときに、ピッという合図の笛がなって次の女性と交代」とのこと。

しかも、フリータイムで気に入った女性とようやく一対一で話せたと思ったら、他の男に割り込まれて、「全然、落ち着いて話せませんし、正直疲れます」なんだそうです。

一方のインターネットは、プロフィールページ自体が自己アピールの媒体となるので、さまざまな情報を相手にじっくり伝えることができます。

例えば、身長、体重、血液型、喫煙状況、住所、学歴、仕事、年収といった外面的な情報から、趣味、休日の過ごし方、自己紹介文などの価値観やライフスタイルを表す情報にいたるまで、広範囲かつ深いレベルまで自己開示することができるのです。

しかも、媒体は、文章だけでなく写真や動画と多様性を持っています。

また、ＳＮＳの日記やブログを活用すると、日々の生活やそこで感じたことを生きき生きと、立体的に伝えることができます。

例えば、私の相談者の方で有機野菜栽培が趣味という人がいます。この人は、野菜が成長する様子、収穫を友達と楽しんだ話、採りたての野菜を使った料理の話などを、写真を上手に使いながら日記に書いています。

この日記で、人となりを伝えられるだけでなく、「自然っていいな」とか、「この人、野菜のことを本当に愛しているのね～」と、読み手の感情のツボをぐいっと押すことができます。つまり、親近感や共感、憧れを抱かせられるということ。ある意味、「中身で勝負」することができるのです。

ちなみに、この相談者の方は地方に住んでいますが、こうしたエコライフに憧れる都会の女性と何人も地元で出会うことに成功しています。

私は、ネットで出会った女性から、「はじめて会った気がしない」とよく言われますが、これは会う前に女性が私の日記を読んでいるからです。有名人のブログを読んでいると、会ったこともないのに、隣に住んでいるご近所さんのような親近感が生まれます。これと同じ効果があるのです。

リアルの出会いの場とインターネット、どちらが多くの情報を相手に伝えられるかは明らかでしょう。

例えるなら、婚活パーティーは駅前のティッシュ配りです。一対一の効率の悪い宣伝方法です。一方のネットはマスメディアです。自分専用のメディアで自分自身の宣伝番組をじゃんじゃん流しているようなものです。

女性との関係を進展させる上で重要な自己アピールも、ネットを活用したほうがはるかに効果性と生産性が高いのです。

四〇歳からの恋愛ネット戦略その3「関係作り」

私がカウンセリングしている相談者の悩みの一つが、女性との会話です。特に二人っきりで会ったときの会話です。話が弾まず、仲良くなれず、撃沈というパターンがあまりに多いのです。

第3章でも説明したように、その解決策は、

会ってから仲良くなれないのなら、会う前に仲良くなれ。

これを可能にするツールがメールです。恋愛におけるメールの意外な事実は、「相手が誰であるかにかかわらず、恋愛の各プロセスで伝えるべきメッセージはほぼ同じである」ということです。

はじめてメールを送ってから、デートの約束を取りつけるまで。また、音信不通になってしまったときの再開のさせ方。実は同じパターンのメールが使えます。

ただし、個別に対処すべきことは当然あります。相手ごとに違う事柄です。例え

ば、メールの頻度、メールのスタイル（長さや文体）は、心地よく感じるものが女性によって異なります。

また、メールのいいところは、会話のようにすぐに返事をしなくていいことです。相手のメールを読み返したり、お手本を参考にして返信をまとめたり、話のネタをじっくり考えたりすることが可能なのです。

直接会っての会話だと、こうはいきません。話題がなくなって沈黙してしまったり、ドギマギしている恥ずかしい様子を相手に見られてしまいます。

このように、会話が苦手という人にとって、メールは絶好のツールなのです。

メールについて、もう一つ見逃せないことがあります。

『THE RULES（ルールズ）』（エレン・ファイン、シェリー・シュナイダー共著・KKベストセラーズ刊）という本をご存じでしょうか？　女性向けの恋愛指南書。数年前、世界的に大ヒットしました。

この『ルールズ』のシリーズにネット恋愛を取り上げたものがあります。そちらに興味深い実例が載っているので紹介しましょう。

ネットで知り合った男性と待ち合わせたある女性の話です。

待ち合わせ場所に現れた男性を見て、その女性は落胆します。プロフィールページの写真と実物があまりに違うからです。どうやら、一〇年以上前の若いときの写真を使っていたようで、実物は老けていたし、お腹もメタボだったのです。

ここからが、この話の興味深いところ。

彼女は落胆した後、すぐに「まっ、いいか」と気を取り直すのです。メールでのやりとりを通じて彼の性格が気にいっていたからです。

「会う前に、仲良くなる」のいい実例です。メールで好感を積み重ねれば、おじさんでも、外見が良くなくても、相手の心を摑めるということです。

この話、さらに面白いオチがついています。

この女性、会ったその日に件の男と一夜を共にしてしまいます。その翌朝、男の書斎で他の女性とやりとりしたメールの記録を見つけました。デートの誘いや女性からのお礼メールがわんさか出てきたのです。さらに、男のメールのどれもが自分が受け取ったのと似かよった内容だったというオマケ付きで。

何人もの女性と同時に関係を効率的に進展することができるという、ネットの高い生産性を悪用したケースだったのです。

さて、これまで三つの恋愛ネット戦略を通して、インターネットの効用を説明してきましたが、もう一つ見逃せない重要な戦略があります。

それは、「どうやって年齢というハンデを打ち消すのか？」に関する戦略です。

四〇歳からの恋愛を成功させる「価値観」

三高《さんこう》という言葉を覚えていますか？

「身長」「年収」「学歴」の三つが高い、だから三高。バブル時代のモテる男の代名詞でした。この三つが揃っていれば、友達に自慢できるし、将来も安泰だしと、彼氏探しの基準を端的に表す指標だったのです。バブル時代らしい、物欲ギラギラの選考基準ですね。

ちなみに、こういう指標を経営用語ではバリュープロポジションといいます。

その会社が顧客に与える価値をズバっと表すもの。例えば、吉野家のキャッチフレーズである、「安い」「早い」「うまい」がこれにあたります。ファストフードに求められる条件を端的に示していると思いませんか？

話を戻します。興味深いアンケート結果を一つ紹介しましょう。

テーマは「結婚相手に求める条件」（結婚情報誌「ゼクシィ」による調査）。全回答者

恋愛を成功させる鍵は「価値観」

40歳からの恋愛を成功させるには、「価値観」を切り口に女性と出会い、交流を深めること。女性は、外面的な条件である「三高」よりも価値観を重要視する。

二六九人のうち、約九六パーセントにあたる二五七人は女性なので、「女性が結婚相手に求める条件」と読み替えていいでしょう。

結果は、1位がダントツ、性格でした。「当然でしょう」と感じる結果です。しかし、この調査は2位以下が実に興味深いのです。

1位　性格　…九〇％
2位　価値観　…八四％
3位　収入・職業　…四九％
4位　ルックス　…二一％
5位　学歴・家柄　…一二％

3位から5位はまさに「三高」

です。しかし2位の「価値観」がそれらを大きく上回っているのです。つまり、女性は、外面的な条件である「三高」よりも、内面的な「価値観」を重要視するということです。

ここに、おじさんの恋愛のあり方を劇的に変えるヒントが隠されているのです。

価値観が交流のきっかけになる場とは?

「三高」が選別条件になる出会いの場から離れ、「価値観」がきっかけで交流がはじまるところに出会いを求めると、がらっと状況が変わります。

例えば、趣味のコミュニティ（カルチャーセンターやサークル）、SNSです。

こうした場では、

・同じものが好き
・同じことに興味がある
・一緒に楽しめる

という「価値観が合う」ことがきっかけで交流がはじまります。「年齢」「年収」「学歴」などの条件で足切りや門前払いされることはありません。例えばカルチャースクールの懇親会で、「何が好きですか？」と聞かれることはあっても、「年収いくらですか？」と聞かれることはありえないからです。

「年齢」に関しても同じことが言えます。

私は四〇歳を過ぎてから、オペラや個人貿易、ワイン、本の企画講座などいくつものカルチャースクールに参加しましたが、出会ってしばらくの間、年齢を聞かれたことは一度もなく、親しい関係になってから聞かれることがたまにある程度でした。

また、こうしたところは、趣味や志向が同じなので共通の話題がたくさんあります。女性と親密になれる可能性が格段に広がるということです。

私の相談者で、四六歳の研究職の男性は、鉄道好きのコミュニティで九歳年下の女性と出会いました。

「好きな鉄道の話で盛り上がっているうちに、お互いのことが気になりはじめたんです。二人で鉄道の写真をとるために遠出することになったのも自然の流れでしたね。共通の趣味がなかったら、親密になることはなかったと思います。下心のない無欲の勝利です（笑）」

アラフォー女性も出会いのきっかけは「価値観」

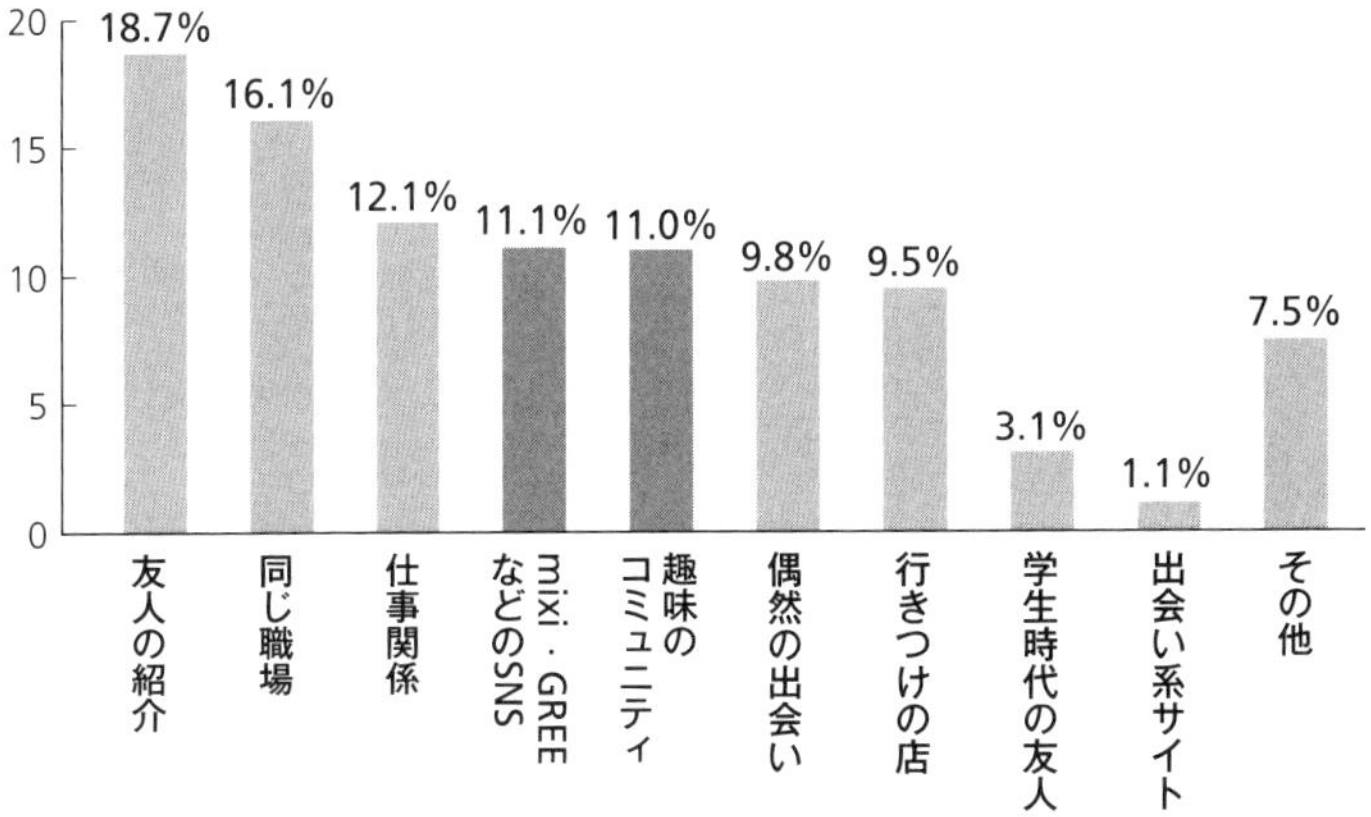

30代後半～40代中盤の独身女性300人に対して行われた「出会いのきっかけ」についての調査によれば、SNSと趣味のコミュニティでの出会いが大きな比重を占めている。
出典：『アラフォー大人恋愛白書　40代の恋とSexリアルボイス』（集英社刊）

この手の話は山ほどあります。

こうした話を裏付ける調査結果が、上のグラフ。アラフォーの女性たちの出会いのきっかけに関するアンケート調査です。

結果は非常に興味深いもの。友人の紹介、同じ職場、仕事関係などの自然発生的に出会いが生まれる場を除くと、すでにSNSや趣味のコミュニティが出会いの場の主流となっているのです。

中年男性と同じように厳しい状況に置かれているアラフォー女性は、「価値観」を切り口にして、異性との出会いの可能性を大きく広げているということなのです。

年齢を「足切り条件」から「妥協条件」にせよ

婚活の場では、まず外面的な条件で、女性と婚活業者から男性は選別されてしまいます。中年男性のウィークポイントである「年齢」が足切り条件になる傾向が極めて強いということです。

一方、価値観が合うことが交流のきっかけになる場ではどうなるでしょうか？　価値観が合う相手と趣味のコミュニティやSNSで交流をしていると、年齢に関係なく、相手に対する好感が自然に積み上がっていきます。

私の知り合いの三四歳の女性編集者は、「趣味や食べ物の好みがぴたっと合うことがわかったから、年の差は気にならなくなっちゃったわよ」と、グルメ好きが集まるコミュニティで知り合った一一歳年上の男性と結婚しました。

付き合いはじめた当初は、本人も年の差が気になっていたものの、親や周囲から反対され、「逆にそれで反発心が生まれたのよ」とのこと。どうしたら親や周囲が納得するようになるか、考えを巡らすように変わっていったそうです。

このように、価値観をきっかけに親密な関係を築くと、年齢は足切り条件ではなく妥協要素になっていくのです。

そもそも、恋愛や結婚は極めて内面的なもの。相性や価値観で結びつくのが本来の姿です。にもかかわらず、婚活の場は、「年収」「学歴」「年齢」など外面的な条件ばかりで判断される歪んだ一面を持っているのではないでしょうか。

一部の婚活業者はこの点を考慮し、検索システムに趣味や志向の項目を充実させたり、会員同士が交流できる趣味のコミュニティを作ったり、ゴルフ合コンや料理パーティーに力を入れはじめています。

年齢や年収などは、「どれだけお金を稼げるの？」という機能性を示す指標です。しかし、われわれは人間です。一緒にいてお互い心地いいか、苦境にあっても励まし合えるのかという、数字では表せない精神性のほうが重要です。

価値観が合うとは、お互い共感できるものが多いということです。共感とは共に感動すること。つまり喜怒哀楽を共にするということです。これは、人として根源的な感性です。先の調査で、「価値観」が三高を大きく上回るのも、男女を結び付ける強力な引力になるのも、当然の成り行きと言えるでしょう。

勝利の方程式「価値観×ネット＝SNS」

これまで説明してきた「価値観をきっかけに交流がはじまる出会いの場」と「三つの恋愛ネット戦略」を掛け合わせたものが、SNSです。

このSNSが、おじさんの恋愛のあり方を根本から変える巨大なポテンシャルを持っているのです。

第1章でも説明したように、SNSとは、ひと言でいうとインターネット上の社交場で、同じ趣味や志向の人が集まるコミュニティの集合体です。

その代表格がミクシィとGREEです。両社合わせた会員数は、なんと四〇〇〇万人以上という超ど級の巨大サイトです。さらに、一日に約一万人も会員が増加していると言われています。

SNSは、趣味や志向を切り口に会員同士が交流するコミュニティ機能と、見知らぬ者同士が出会い、交流するためのさまざまなコミュニケーション機能を提供しています。

それに加えて、最近は無料のゲームが楽しめたり、最新のニュース記事を流したりと、メインポータルサイトとしての機能を充実させています。

その甲斐あってか、ネットの〝視聴率〟を示すPV（ページビュー）や滞在時間は、ヤフーとミクシィがトップの座を争うほど。すっかり人々の生活の中に浸透し、ある意味、社会インフラ化しているのです。

このSNS、例えばミクシィでは異性と出会えないと思っている人がいますが、実態はその逆です。いくつもの調査がこのことを裏付けています。先に挙げたアラフォー女性の出会いのきっかけに関する調査はこれにあたります。

また、マーケティング・リサーチ会社アイシェアが二〇〇八年に行ったSNSに関する意識調査では、女性会員の約半数がSNSで始まる恋愛を容認しています。

ほかにも、ミクシィの恋愛系コミュニティで二〇〇九年三月に実施されたアンケート調査では、九六三人の女性ユーザーが回答し、その約七割が、ミクシィでの異性との出会いは「あり」と答えているのです。

さらに興味深いデータを紹介しましょう。

同じくミクシィ恋愛系コミュニティで、二〇〇八年五月に行われた女性ユーザーへの調査（回答数五〇一人）。質問は、「見知らぬ男性からメールが来たら？」というもので、なんと七割近くの女性が「返信したことがある」というのです。

この結果を、知り合いの女性に話したところ、「そんなの、ありえない」と全面的に否定されました。

しかしこの女性、ミクシィのある歌手のコミュニティに入っていて、このコミュニティにいる面識のない男性からメールをもらい、その男性と一緒に「ある歌手」の楽屋を訪問したことがあるのです。

彼女は二〇代後半の大変な美人なので、私からすると「そりゃあ、ナンパだろ」と思うんですが、彼女自身の認識ではそれがあまりにも自然な流れだったので、見知らぬ男性からメールをもらい、返信したことをすっかり忘れてしまい、「ありえない」という発言につながったんだと思います。

このように、SNSを通じて、趣味や志向をきっかけに自然な流れで交流がはじまり、実際に会うということが至るところで起きているのです。

婚活に行き詰まって私のところに訪ねてくる相談者で、恋人作りに成功した人は例外なくSNSを出会いのメインステージにしています。しかも、四〇代、五〇代のおじさんたちです。そのおじさんが、希望どおり年の離れた女性とSNSで次々と出会っているのです。

なぜでしょうか？

それは次に示すとおり、中年男性の弱点を打ち消す特徴をSNSが持っているからです。

1─中年男性の勝率の悪さを圧倒的な数でカバーできる
2─交流のきっかけは、趣味や志向である。年齢は選別条件にならない
3─人と人が知り合い交流を深める機能が充実している

このようにSNSは、これまで述べてきた「価値観」と「インターネット」という、おじさんが恋愛で成功するための戦略を丸ごと実現できる媒体なのです。

もちろん、出会い系として使うのは厳禁です。運営会社の規定で禁止されていますし、女性も変なアプローチには反応しません。

趣味や志向を切り口にして知り合い、メールで仲良くなり、自然な流れから実際に会う。それがSNS本来の趣旨にあった使い方です。

繰り返しますが、SNSは「価値観×ネット」をまるごと実現するメディアです。その規模は、大手二社合わせて会員数四〇〇〇万人以上という莫大なもの。とてつもなく巨大なポテンシャルを持っています。

婚活に行き詰まったとき、恋人作りに挫折したとき、「もう、年だから」とあきらめずに、「価値観×ネット＝ＳＮＳ」を思い出してください。

多くのおじさんにとって、それが勝利の方程式となるはずです。

たった九〇分で若い美女から一〇通のメール

ここで少し、ＳＮＳに関する私の体験談をお話しします。

私がＳＮＳを利用しはじめたのは二〇〇五年の秋ごろです。ＳＮＳが普及しはじめた当初から利用していることになります。

その当時、私の出会いの場は、真面目な出会い系サイトとクラブ（踊るほう、昔でいうディスコ）だったのですが、少し行き詰まりを感じていました。

出会い系サイトは一九九六年ごろから使いはじめ、たくさんの女性と出会い、多くの成果を得ていたものの、その頃には物足りなさを感じていました。「面食い」というビョーキの私は、そこで出会えるレベルの女性にはすべて会い尽くしたという心境だったのです。

また、当時の私にとって、美人と出会うなら断然クラブだったのですが、急速に老化が進行し（特に薄毛）、夜遅くまで粘る体力もなくなり、自然と足が遠のいていったのです。

こうした時期、私はＳＮＳと出会います。

ＳＮＳをはじめて利用したときの驚きは、いまでも忘れられません。とにかく「美人が多い」のです。

第1章で挙げた女性たち、秋葉系アイドルや海外で活躍するモデル、女子アナウンサー、日本三大ミスコンのファイナリストなど、これまでの出会いの場では絶対に出会うことができないクラスの女性がごろごろいたのです。

こうした美人に直接メールを出すことができ、簡単に接触できる。これが他の出会いの場と比べた場合のＳＮＳの特徴であり、圧倒的な優位点なのです。

ＳＮＳのもう一ついい点は、そうした美人も含めて、彼氏がいない、仕事が上手くいっていない、海外で孤独な思いをしているなど、「寂しい」思いをしている女性に接触できることです。

例えて言うと、夜の冷たい海に投げ出されて溺れかかった人に手を差し伸べるようなものです。だからこそ、私のようなオッサンが実像より何倍もいい男に見えてしま

40歳からの出会いを量産するSNS

寂しかったから、
王子さまに思えたの
なんであんなおやじと～？
婚活中

SNSの特徴は、①勝率の悪さを圧倒的な数でカバー。②交流のきっかけは「価値観」。③人と人が知り合い交流を深める機能が充実。SNSでは、おじさんでも若い美女と出会える。

うのではないかと思うのです。これが、幸せな女性や、男性にシビアな品定めの目を向けてくる婚活女性だったら、そう上手くはいかないでしょう。
さて、私の場合、一時間から二時間ほど活動すると、五名から一〇名程度の女性からメールの返信を受け取ることができます。
この活動時間とは、いろいろな手法で顔写真を出している美女を探し出して、各々にメールを送る時間です。私自身が二〇〇八年五月に行った活動をもとに、具体的に説明すると、

1― 美人が多いと評判の某女子大学のコミュニティを検索する
（会員数一二八三名）

2― 顔写真を出している美人、最終ログイン二日以内のユーザーを探す
（二二名）

3― 探し出した女性に、汎用的なメールに少し手を加えて送る

この1から3までの作業で、合わせて約九〇分です。後日、一〇名の女性から返信がありました。

その後、メールのやりとりをして、最終的に三名の女性と会いました。この三名とのやりとりは、それぞれメール五往復程度です。

たったこれだけの時間と、自宅でパソコンをいじるだけの手間で、若くてキレイな女性と出会えてしまうのです。

これは私だけの特殊ケースではなく、私の相談者数百人が実践して結果を出している再現性のある手法です。中年男性が、希望に合った年下女性と出会えてしまう手法なのです。

もしＳＮＳがなかったら、私の四〇歳からの恋愛ライフはきっと苦しいものだったでしょう。私は、金持ちやイケメンではありません。まして、テレビプロデューサーや広告会社の社員のようにキャスティング権を持っているわけでもありません。

それが、この年で、アイドルやモデル、女子アナと付き合えるのはＳＮＳがあるからこそ。そしてＳＮＳで成果を出せる戦略と技術があるからです。

では、その戦略と技術とはどういったものでしょうか。順を追って説明します。

何度メールを出しても上手くいかない場合

さて、ここからは、「価値観×ネット＝ＳＮＳ」の実践編です。

ここで対象となるサイトは、基本的にミクシィやＧＲＥＥなどのＳＮＳを想定していますが、一部の婚活サイトでも使える戦略や技術を紹介しています。

具体的には、

・顔写真を掲載できる
・プロフィールページが充実している
・会員同士で自由にメールのやりとりができる

この三つを備えているサイトなら再現性があります。

まずは、インターネットの恋愛で成功するための大原則について説明します。

インターネットを「出会いの場」として捉えたときの最大の特徴は、「アプローチしやすい」ということでしょう。気に入った女性を見つけたらメールを出す、それだけです。

しかし、その「それだけ」が難しかったりします。

何度メールを出しても、誰に出しても、上手くいかない人がいます。

原因として考えられるのは、

・メールの内容が悪い
・相手がサイトを利用していない休眠会員

この場合、メールの内容を見直して、相手のプロフィールページにある、最後に利用した日時を示す「最終ログイン」日時が古い女性を対象から外せば、返信率はぐんと上がります。

それでも、女性からの返信がまったくない、という状態に陥ってしまう人がいます。これはインターネットにおける女性の行動パターンを知らないことが原因です。

ではその行動パターンとは何でしょうか？

実践編その1「恋愛アイサスの法則」

婚活サイトやSNSで、どんな女性でも必ず行う「あること」があります。

それは、見知らぬ男性からはじめてメールを受け取ったら、その男性のプロフィールページを見るということです。メールを読んでその男性に関心を寄せたとき、プロフィールページに飛んで人となりを確認するのです。

私の経験では、返信をくれた女性のうち九十九パーセントが、私のプロフィールページを見ています。これはSNSのアクセス管理機能である「足跡」（自分のページを訪れた人がわかる）で確認することができます。

女性は、メールの内容だけでなく、男性のプロフィールページで人となりを確認してから、メールを返信するかどうか判断するのです。

この一連の行動をモデル化すると、

・見知らぬ男性からの「はじめまして」メールに注意を引かれる
・メールの内容がよければ、関心を引かれる

・男性のプロフィールページを見る
・メールの返信をする
・（SNSの場合）仲良くなったら、マイミクシィ（SNS上の友人）になったり、紹介文を書く

となります。もう少し簡略化すると、

「注意」↓「関心」↓「検索」↓「行動」↓「情報共有」

ということです。

実はこの行動パターンは、インターネット上でモノを買うときのパターンと同じなのです。みなさんも、興味を引かれるお店やモノがあると、インターネットで検索して詳細な情報を見たり、クチコミ情報を参考にしませんか？　そして購入して使った後、評価をサイトに書き込んだりしませんか？　それと一緒です。

この動きに合わせて、企業は広告プロモーション戦略を立てます。

同じように、ネット上での女性の「行動パターン」を理解した上で、モテるためのプロモーション戦略を立てる必要があります。

この「行動パターン」を示すのが、先ほどの五つのプロセスです。「注意」「関心」「検索」「行動」「情報共有」。英語で記したときのそれぞれの頭文字を取って、「アイサスの法則」と言われるものです。

ネット時代のマーケティングの理論として、最近注目を浴びている法則です。この流れに消費者を誘導することができれば、購買してもらえる確率が高まると言われています。

同じように、この流れに女性を誘導することができれば、メールの返信をもらえる確率が高まります。

しかし、かなりの人が、ぶつ切りの断片的なアクションで、この流れを作り出せていないのです。最も多いのが、女性に対する初メールの内容ばかりに気をとられて、自分のプロフィールページの作りが悪いケースです。

ネット恋愛の攻略法など指南本どおりのメールを送っているのに、女性からの反応が悪い、なぜだ、と感じている人。次の女性からの意見を聞いてください。

私がミクシィの恋愛系コミュニティで、男性のプロフィールのどこに注目するのかを調査した際、集まったコメントです（二九八人の女性が回答）。

・エロ系コミュニティばかりだとムリ
・顔写真がない男性からメッセ来ても、絶対に返信しません。怪しいーーーイメージがあります
・紹介文。どんな人かわかる。
・マイミクが女性ばかりだと引く。エロい女性ばかりだとドン引き

すでにSNSをやっていて、「あっ、当てはまっている……」という人、さっそくプロフィールページを見直しましょう。

「アイサスの法則」の流れに乗せること

「出会いの場」としてSNSを使っている人の中で、女性と会うまでのステップとして、まず「マイミク（マイミクシィ）」になることを狙う人がいます。

その結果、自分のマイミク一覧が女性だらけになっていたりします。また、エッチ

な女性が集まっていると思い、エロ系コミュニティに登録していたりすると、プロフィールページのコミュニティ一覧には、いやらしい画像が表示されることになります。

これでは、女性に「怪しい人」と思われるだけです。

せっかくいいメールを相手に送って「注目」→「関心」→「検索」ときても、プロフィールページで流れが止まってしまうのです。多くの人は「ネットは危ない！」という先入観があるので、警戒心を刺激したら、そこで終わりです。

「注意」→「関心」→「検索」→「行動」→「情報共有」

という一連のプロセスがうまく流れるように、プロフィールページとメールを連動させることが、ネットでの出会いを成功させるための重要なポイントなのです。

では次に、プロフィールページ作りのポイントを説明します。

実践編その2「プロフィール改革」

まず、質問です。

はじめてインターネットのマッチングサービスを使う人は尻込みするけれど、成功の確率が二五倍高くなるアイテムとは何でしょうか？

答えは「顔写真」です。

次の調査結果を見てください。テーマは「男性のプロフィールページのどこに注目するか？」。ミクシィの女性ユーザー二六九人から回答が寄せられました（二〇〇七年一月実施）。

1位　トップ写真（顔写真）……二六％
2位　自己紹介文……一六％
3位　マイミクシィからの紹介文……一四％
4位　年齢……一〇％
5位　コミュニティ一覧……九％

5位　現住所　……　九％
7位　日記　……　八％
8位　マイミクシィ一覧　……　四％
8位　好きな〇〇〇　……　四％
10位　トップ写真（顔写真でないもの）　……　一％

トップは断トツでトップ写真です。しかも、顔が映っているもの。顔写真でないものと比べると約二五倍の差があります。これはSNSによくありがちなペットや車の写真ではなく、本人の顔写真がいいということを意味します。

女性が顔写真を重視するのは、イケメン好きという理由ではなく信頼性です。顔写真まで出すくらいだから怪しい人ではない、と思うのです。アンケートに寄せられたコメントを読むとこのことがよくわかります。

・顔写真がない男性からメッセ来ても、絶対に返信しません。怪しいーーーイメージがあります
・やっぱトップ写真かなぁ。別に男前とかではなく、どんな人なのかも全然わ

からないので。せめて自分の体の一部とかでもいいので載ってたら目をひきますね
・やっぱり顔出してくれてる人じゃないと安心できないかなー。まあ、好みの顔探したい、ってのはあるけど…

ネットは怪しいという先入観がまだまだ根強いので、女性に信頼感や安心感を与えるため、顔写真は必須アイテムだということです。ほかに、顔写真があると雰囲気が掴めていいという意見も多数ありました。

「信頼感」「安心感」や「雰囲気」が重要なので、私はスーツ姿の写真をお勧めします。履歴書の写真と同じ理由で、真っ当な社会人であるというメッセージを伝えることができるからです。

その他に写真を掲載する場合（トップ画像の裏やアルバムなど）には、趣味を楽しんでいる写真や、ペットと戯れている写真、友達と一緒の写真もお勧めです。ライフスタイルや社交性、癒しのイメージを伝えることができるからです。

女性が顔写真に注目する理由がもう一つあります。

それは、ネット上でのユーザーの視線の動きです。ネットではページを開いた瞬

間、まず画面の左上あたりに視線がいきます。このため、企業のロゴやメインボタンは画面の左上あたりにデザインします。

同じように、SNSや婚活サイトのプロフィールページの左上あたりには、ユーザーネームとトップ写真スペースが位置していることが多いのです。ネット上のユーザーの視線の動きからも、写真は注目されるポイントなのです。

私の相談者で、プロのカメラマンが撮影した写真を載せたところ（本人に言わせると「奇跡のショット」だそうですが）、女性からの初メールの返信率が跳ね上がったという人がいます。

一～二万円程度で、プロのカメラマンが撮影し、さらにキレイに画像を修整してくれるスタジオがあるので、そうしたところを利用するのもいいでしょう。非常に重要なアイテムなので、手間やお金をかければそれに応じたリターンがあることをお忘れなく。

「立体名刺」の作り方

女性が男性を選ぶとき、「身長」「学歴」「収入」より「価値観」を重視します。いわゆる三高より価値観のほうが重要な要素なのです。

そのため、プロフィールページも価値観を強調するように作るのが、この「実践編その2」における重要なポイントです。

価値観は、趣味や志向、物事の好き嫌い、時間やお金の使い方、信条などに表れるので、「自己紹介文」「趣味」「好きな言葉」「好きな場所」「好きなアーティスト」「休日の過ごし方」など、各サイトが準備している項目をフル活用しましょう。

SNSはこの点で優れています。文字情報だけでなく画像でぱっと相手に伝えるようにデザインされているからです。

例えば、趣味や志向は自己紹介欄に「文字」で書き込むことができますが、コミュニティ一覧のアイコンで示すこともできます。アイコンのほうが目立ちますし、ぱっと見てわかりやすいからです。画像アルバムや動画を利用するのも同じ効果が見込めます。

もう一つ、SNSにはいい点があります。それは日記です。

日記は、価値観やライフスタイルを伝える絶好の媒体です。仕事で頑張っている様子、趣味を楽しんでいる様子、仲間との交流の様子などを具体的な形で示すことができます。

例えば、自己紹介欄に「趣味はクラシック」と書くだけより、演奏会に行ってモーツァルトを聞いて感動した様子を日記に書くほうが、具体的なイメージを伝えることができますし、趣味を楽しんでいる様子を生き生きと読み手に伝えることができます。

そしてそれにより、同じクラシック好きの女性の共感や、演奏会を楽しむようなライフスタイルに憧れる女性の関心を得ることもできるでしょう。

経済評論家の勝間和代さんは、「滅多に会わない友人でも、その友人のブログを読んでいると、まるでいつも話しているように身近に感じる」と日記の効用を説いています（勝間和代著『目立つ力』小学館刊）。勝間さんはこうしたSNSの日記やブログを有効に使って自分を見せることを、「立体名刺」と呼んでいます。

SNSの日記やブログは、知り合いだけでなく、見知らぬ人に対しても、親近感を抱かせる強力なツールです。「共感」「憧れ」「親近感」といった女性の感情のツボをぐいぐい押すことができるのです。

こうした理由から、SNSを活用するなら日記を書くことをお勧めします。婚活サイトを利用している人も、ブログを書いて、婚活サイトからそこに誘導するようにするといいでしょう。

ただし、日々の活動を記録することが目的ではなく、自己アピールすることが目的であることに注意してください。

例えば、日記に愚痴や悪口を書く人がいます。これは明らかに逆効果です。ネガティブな性格の人というメッセージを与えてしまうからです。

「第三者の推薦」効果を活用せよ

セールスマンの言葉より、顧客が信用するものは何でしょうか？

答えは、第三者の推薦です。

顧客は、「営業は大げさだから」とか「ウソを言うし」と半ば信用していないところがあります。このため、売り込みをする営業の言葉より、利用しているユーザーの言葉を信用する傾向があるのです。

また、権威ある人の推薦も同じく信用します。単なるダイエット食品より、「某医師協会推薦のダイエット食品」としたほうが信用されるということです。

これを「第三者の推薦」効果といいます。例えば、

・同業者の（実際に使用した）感想
・大学教授の推薦
・権威ある機関の認定

このように、当事者でない、利害関係のない人の意見や権威ある人の意見を、買い手は大いに参考にするのです。

婚活サイトにある「証明書ユーザー」というシステムには、これと同じ効果があります。本人であることや収入を証明するため、住民票や源泉徴収票などの証明書類をサイトの主催会社に提出すると、プロフィールページに「証明書」などのマークを表示するシステムです。

また、ＳＮＳによくある「紹介文」にも同じ効果があります。

私は女性がホンモノか偽装ユーザーかを判断する際に、この紹介文を必ず参考にします。紹介文には「現実感」が表れます。学校つながり、会社の同期、サークル仲間など当事者でしか語れない言葉で紹介文が書かれているからです。

女性も同じ視点で見ています。

先ほども引用した「男性のプロフィールページのどこに注目するか？」の調査では、3位に「マイミクシィからの紹介文」（一四パーセント）が入っていました。アンケートに寄せられた女性ユーザーのコメントを見てみましょう。

・〝紹介文〟！　その人の人間性がわかるから
・顔写真に一票。後はやっぱ〝紹介文〟ですかね
・顔写真がないとさすがに無理ですね。あとは〝紹介文〟と血液型

紹介文を書いてもらうコツは、まず相手の紹介文を書くことです。するとたいてい、お返しで書いてもらえます。

また、ＳＮＳには、「セルフヘルプサポート」といって、お互いを過剰なほど励まし合い、ホメ合う傾向があるので、相手のことをよく書けばいい紹介文を書いてもらえる可能性が高くなります。

以上、プロフィールページ作成のポイントを説明しました。

次の「実践編その３」ではメール術を紹介しますが、その前に重要な戦略を一つ説明します。

それは、女性に対して、押すのがいいのか、引くのがいいのかという、ネット恋愛におけるスタンスの話です。

ネット恋愛における「攻めの戦略」「待ちの戦略」

まずは質問です。

・メールを女性にガンガン送る「攻めの戦略」
・プロフィールページを充実させて女性の訪問を待つ「待ちの戦略」

この二つの、どちらが優れているでしょうか？
実はこの戦略の取り方によって、女性からのレスポンスに、なんと七〇倍もの差がつくのです。

答えは、

「攻めの戦略と待ちの戦略を組み合わせたパターンが最も強い」

って、選択肢にないじゃないか、って怒られそうですね。

では、解説です。まず、待ちの戦略について。

ネット恋愛における「待ちの戦略」とは、プロフィールページを充実させて、「オレはいい男だ！」「僕ってイケてるでしょう？」とアピールすること。このプロフィールページに女性を引き込むために、恋愛系のコミュニティに「恋人募集中」と書き込んだり、検索されやすいようにキーワードをたくさん羅列したりします。

こうした中で最もシステム化されているのが、ＳＮＳの「足跡巡回ツール」を使う作戦です。

ＳＮＳのユーザーは、自分のページのアクセス記録を見て、知らない人からの足跡があると、「誰？」って踏み返す、つまり、その人のページを訪れる習性があります。これを利用したツールが「足跡巡回ツール」です。

「足跡巡回ツール」で女性の検索条件（例えば、年齢、趣味、住所、フリーワード）を指定すると、このツールが該当者をリストアップし、自動的に該当者のページを訪れ、足跡を残していってくれるというものです。

この作戦に通じた人に聞いたところ、月に一万人に足跡を残すと、五〇名くらいの女性から足跡帳やメッセージを通してレスポンスがあるそうです。

つまり、レスポンス率〇・五パーセント。

このツールは検索条件を設定するだけで、それこそ「寝ている間」に女性が集まってくるのです。

さらにこの話を教えてくれた男性によれば、このツールで集まる女性は「プロフィールページを読んで、相手の男性のことに関心がある」「積極的」「彼氏と別れたばかりで寂しい状況」という人が多いらしく、「会える確率が高いんだ！」と豪語していました。

悪くないですよね……。

でも、この「足跡巡回ツール」は、実はミクシィが禁止している「スパム行為」に該当します。

出会い用だけでなく、マルチ商法にも利用されていて、苦情が絶えないという話を聞いたことがあります。すでに二〇〇八年の秋に、ミクシィの運営会社が一部のツールが巡回できないよう、システム対応しています。

ルールを守らないという点で、モラル面でもよろしくない戦略ですね。

レスポンスに差が出る「攻め＋待ちの戦略」

これに対して、私が提案したいのは「攻め＋待ちの戦略」。私自身や私の相談者が実践している戦略です。

まず、スクロールなしで読みきれる程度、そして、インパクトのある内容のメールを女性に送ります。すると、興味を引かれた女性は、必ずあなたのプロフィールページを覗きに来ます。「どんな人だろう？」とチェックするわけです。

返信があった女性は、必ずプロフィールページに「足跡」を残しています。返信がない女性も、全員ではありませんが、「足跡」を残しています。

つまり、女性はプロフィールを読んでから、返信するかどうか判断するのです。

・メールを出してアピールする（攻め）
・自分のプロフィールページに誘導
・さらにそこでアピールする（待ち）

この戦略を使うと、私の場合、平均レスポンス率は三五パーセントです。つまり、一〇人にメールを出して、三・五人から返信があります。

このことから、「足跡巡回ツール」を使った戦略の〇・五パーセントと比べ、七〇倍の差が出るというわけです。

いろいろと条件が違うので単純比較はできませんが、以前、SNSのGREEで私の日記がちょっとした評判になり、プロフィールページに月に一万件のアクセスがあったことがありました。これはある意味で、「待ちの戦略」の一つの事例と考えていいと思います。

そのとき、女性からのアプローチは一五件程度ありました。このことからも、「攻め+待ちの戦略」は「待ちの戦略」の七〇倍の効果があるという規模感に、大きな誤りはないと思います。

「抱かれたい男」になるために

なぜ、戦略が違うと、こんなに結果に差が出るのでしょうか?

そこには「痛い」現実があるのです。

もし朝起きて、キムタクに生まれ変わっていたら、きっと「待ちの戦略」でもレスポンス率は跳ね上がるでしょう。誰もが見たくてウズウズする、アクセスしたくて気が変になるくらいの、いわゆる「キラーコンテンツ」だからです。

「抱かれたい男ナンバーワン」のキムタクなら、恋人募集の書き込みをすれば、女性が群がるように、メッセージがバンバン来るでしょう。

でも悲しいかな、「抱かれたい男」でないわれわれは、「待ちの戦略」では効果が薄いのです。「痛い」現実ですが仕方ありません。

やはり、ニッポン男子たるもの、攻めにも強く守りにも強くなくては！　と、なぜか愛国心が高揚したところで、結果に差が出る理由の説明は終わりにします。


いや、もう少し戦略的な解説をしましょう。

マーケティングの世界では、この「攻めの戦略」を「プッシュ戦略」、そして「待ちの戦略」を「プル戦略」と呼んでいます。前者は訪問販売、後者は展示会などが代表例です。「オレオレ詐欺」がプッシュ、キャッチバーがプルと言ったほうがわかりやすいかもしれません。

どちらの戦略が有効なのか、製品の特性や消費者の認知度によって変わります。しかし、この概念自体が古いものになっており、両者を組み合わせた形態でマーケティングをしている、というのがビジネスの現場での実態です。

恋愛ではどうでしょうか？

押しの強さを「プッシュ戦略」、自分を磨くことを「プル戦略」と言う人がいます。銀幕の大スターに例えると、押しの強い松方弘樹さんはプッシュ型、寡黙で男らしい高倉健さんはプル型でしょうか。

しかし、こんな単純で極端な対比では、恋愛を語れない時代になっていると感じています。

現代女性は、男性に多くのことを求める傾向にあります。そして男性を見る目も肥えています。こうした女性たちの幅広いニーズに応えるには、「押すときは押せる」「待つときは待てる」という両方の戦略が必要です。

臨機応変にこれらを繰り出せる男性だけが、本当の意味で「抱かれたい男」になれるのではないでしょうか。

実践編その3「恋愛メール術」

いまや、女性と親密になるために欠かせないのが「メール力」です。

特に若い女性と親密な関係になれるかどうかは、これに大きく左右されます。

若い世代は、メールに対する感覚がわれわれの世代と異なります。コミュニケーションの大半をメールで済ましてしまうことに違和感がありませんし、直接会って話をするよりメールのやりとりのほうが楽だとさえ感じています（橋元良明他著『ネオ・デジタルネイティブの誕生』ダイヤモンド社刊より）。

また、ネットを活用して「会う前に仲良くなる」という施策を成功させるためにもメールのスキルは欠かせないものです。

しかし、おじさん世代はえてしてメールが苦手。私の相談者の多くがそうでした。その数百人がつまずく点は、次の三点に集約されます。

・初メールの内容
・メールの頻度

・デートの誘い方

次からは、この三つのポイントを重点的に説明します。

初メールに盛り込むべき三つの要素

「コピメ」という言葉を聞いたことがありますか？

コピメとは、コピー・メールの略。同じ文章をコピーして、複数の女性に送るアプローチ法です。「下手な鉄砲も数打てば当たる」で、昔はそれなりに有効な手段だったのです。

女性へのアプローチは「確率」という側面を持っていますし、多くの女性に同時にアプローチできるというインターネットの特徴を活かすという意図もあります。

しかし、いまやコピメの存在は広く知られているので見破られやすいのです。特に、美人や可愛い子たちは「これ、誰にでも送ってるんでしょ？」というコピメを何通も送りつけられて、うんざりしていることが多いので厳禁モノなのです。

そこで、コピメでないことを強調するために、まず入り口の挨拶で、名前で呼びかけると、受け手の印象がぐっとよくなります。例えば、「麗子さん、はじめまして」と書くと、「麗子さんだけに送っているメールです」というメッセージを込めることができるのです。

また、「どんなところに興味を持ったか」「お互いの共通点」をメールの文面に盛り込むと、さらに印象はよくなります。これらも、コピメではなく相手のプロフィールをちゃんと読んだということを相手に示すことになるからです。

このように、相手を一個人として扱う方法を、マーケティングの世界では「パーソナライズ」といいます。マス・マーケティングと対比される手法です。

一人ひとりの関心に焦点を絞れば絞るほど、訴えかける力は強くなり、その結果、購入につながる確率も高くなるのです。

恋愛メールも、同じ原理です。

もし同時に何十人に初メールを送っているとしても、その文面に、

・名前の呼びかけ
・興味を持ったポイント
・（あれば）お互いの共通点

という三点を盛り込むと、「あなただけです」と、パーソナライズすることができ、受け取った女性の印象がぐっとよくなります。

初メールでは共通点を強調し、質問を入れる

アプローチ段階でのメールでは、「共感」をどれだけ積み重ねることができるかが成功の鍵を握ります。

このため、初メールを送るときも「共感」は非常に重要な要素です。

相手のプロフィールページの中に共通点を見つけたら、それはかなりのチャンスということです。例えばある外国の歌手のファンである場合には、

（例文）

プロフィールページを拝見したら、マドンナがお好きなんですね。

僕も大好きです。わざわざ大阪の来日公演にいったほど。

友人には呆れられましたが（笑）。

このように相手の趣味などに触れながら、自分にも同じ共通項があることを示すのがポイントです。これが「共感」という感情を引き出し、心理的な距離感を縮めることになるからです。

共通項の例としては、

・出身地
・住んでいる場所
・趣味
・好きな場所（旅行先）
・好きなアーティストや芸能人、尊敬する人物
・ファッション
・ペット
・休日の過ごし方

こうした項目を手がかりにします。

また、ここに「質問」を加えると相手は返信しやすくなります。例えば、女性の自

己紹介の趣味の欄に「お酒」と書いてあったとすると、

（例文）

お酒が好きなんですね。どんなタイプのものがお好きですか？
ちなみに僕はワインが大好きです。
去年、この趣味が高じてソムリエ協会の認定資格を取ってしまいました。

初メールに「質問」を入れずに反応を測ったところ、「質問」を入れた場合と比べて一〇パーセント近く返信率が下がりました。

あなたのプロフィールが女性にとって魅力的な場合や、メールの内容が抜群に面白いのなら、質問がなくても相手の返信を引き出すことができるかもしれません。

しかし、メールを出す時点では相手の反応がわからないので、初メールで質問を入れることは、返信率を引き上げるための重要なポイントになるのです。

当たる的を選んで、返信率を上げる

「プロフィールページをきちっと作り直した」「ファーストメールの内容を見直した」。——それでも、返信率が悪い人がいます。原因は何でしょうか？

それは、相手の女性が幽霊会員の可能性があるということです。

幽霊会員とは、会員登録をしたが利用していないユーザーのこと。利用していなくても会員資格を失うことはないので、プロフィールページがサイト上に残っている場合があるのです。

例えば、ミクシィのプロフィールページのトップ写真の下にある「最終ログイン」という項目があります。これが三日以上のユーザーは幽霊会員である可能性があります。こうしたユーザーを対象から外すと、返信率がぐんと上がります。

これは、相手の反応を直接見ることができないネット上のアプローチの、ある意味、基本です。「当たる範囲の的を狙え」ということです。

ちなみに婚活サイトや出会い系サイトでは、登録後二～四週間程度の間が空いたユーザーを狙うという戦術があります。

登録直後の女性には男性からのメールが殺到します。「早めにツバを付けておこう」という思惑からです。しかし、女性からすると、登録直後は一日に数十通から一〇〇通ほどのメールが来るので、とても読みきれず、そのままメールを放置することになります。

二〜四週間程度の間が空くと、男性からメールが（ほとんど）来なくなるため、女性の側にメールを返信する余裕が生まれます。このタイミングが狙い目なのです。婚活サイトや出会い系サイトでは、登録後二〜四週間の女性が「当たる範囲の的」だということになります。

ただし、この戦術が有効なのは、女性がメールを受信したとき、登録したメールアドレスにその通知をする機能があるサイトに限ります。なければ、メールはそのまま放置されてしまうからです。

また、ミクシィでは、最終ログイン三日以上のユーザーが本当に幽霊会員かどうかを二重チェックする方法があります。それは、日記の日付です。日記の作成が少し前の日付の場合（例えば五日前）、幽霊会員ではないということがわかります。

女性が心地よく感じるメール・ペーシング法

メールのやりとりで多くの人が悩むのが、メールの頻度をどうしたらいいのかというものです。このことに関して、巷にはさまざまな話があふれています。

相手に気をもたせるために、駆け引きとして、すぐに返事をしないとか。即答はウザイと受け取られるからやめたほうがいいとか。わざと、そっけない短い文書にするとか。逆に、女性はメールの返信が遅いと「私に気がない」「冷たい人だわ」と思うので、すぐに返信したほうがいいとか。

諸説紛々です。いったい何がいいのでしょうか？

女性と親密度を高めるために、メールの頻度は重要な要素です。毎日マメに連絡してほしいのか、それほどでもないのか、女性によって好みが異なります。このことが問題をややっこしいものにしています。

また、メールの文章も、短いと「そっけない人」だとか、逆に長いと「女々しい」「読むのがめんどう」と感じるなど、好感度に大きく影響します。

このメールの頻度とメールの文章の長さに関して、女性が心地よさを感じるツボを一発で見抜く方法を教えます。

そのやり方は、「相手に合わせる」です。

・短文の女性だったら、短文を
・長かったら、こちらの文章も長めにする
・すぐに返事が来る女性には、即答を
・一日おきの人には、一日おきで

それ以上のことは、基本的に考える必要はありません。

たいていの人は、自分自身が心地よく感じる「頻度」「スタイル」でメールの文章を作成します。だから、「頻度」「スタイル」を相手に合わせる。すると相手は、違和感なくこちらのメールをすんなりと受け入れてくれるのです。

「相手に合わせる」。これはコミュニケーションの基本です。一〇年前にアメリカで流行したコミュニケーション技法である、NLP理論の「ペーシング」という方法論です。

相手が怒っていたら、同じように感情のレベルを上げて話を聞く。涼しい顔して聞いていたら、「なんだ！　本気で聞いているのか？　こっちは真剣なんだぞ」と相手は感じてしまうからです。相手が前かがみになって懸命に話していたら、同じように前かがみになる。けっして横を向いたりイスに踏ん反りかえってはいけません。

相手の仕草、態度、口調、感情レベルに合わせる。すると相手はこちらに好意や共感を覚えるようになり、コミュニケーションがスムーズになる、というものです。

身近な例でいうと、小さい子供への接し方です。子供に接するとき、どうするのがいいでしょうか？　相手の視線に合うようにしゃがんで、簡単な言葉で話しませんか？　これが「ペーシング」です。

相手のペースやスタイルに合わせると、相手の好意や共感を引き出すことができるのです。

メールにも同じことが言えます。メールでこのペーシングをやる場合、頻度や長さに加えて、他にもいくつか注目する点があります。

これらをまとめると、

・メールの頻度
・文章の量（短いか長いか）

・文章のスタイル（フォーマルな感じがいいか、くだけた感じがいいか）
・文章の表現（事実関係中心か、感情中心か）

この項目を参考に、相手の女性に合わせてみてください。

きっと、相手はあなたのメールに心地よさを感じ、親近感や安心感がぐんと増すことでしょう。

女性からメールの返信がなくなるのはなぜ？

ネットで出会った女性への、メールでの誘い方に悩む人がけっこういます。

「相手にその気はあるのだろうか？」

「デートに誘ったとたん、心を閉ざすのでは？」

「相手から言い出してからにするか」

と、いろいろなことを考えて迷うのでしょう。

インターネットでの出会いは、メールだけの交流からはじまるので、相手の反応や表情が読めず、見極めが難しいという側面があります。

メールのやりとりは上手くいっていたし、手間も時間もかかったし、思い入れもある。そうした中で「デートに誘って断られたらどうしよう」と、失敗を恐れるあまり慎重になってしまうのです。

しかし、誘う素振りがまったくないと、女性のほうは「この人、私に気がないみたい」と離れていくことがあります。

そこがまた、この局面を面倒なものにしています。

私の相談者で、「いつも女性からメールの返信がなくなって終わる」という悩みを持つ人がいました。海外駐在経験があり、女性ウケはいい。しかもメールの文章は上手なほうです。しかし、いつも女性のほうから返事が来なくなるというのです。このため、この人はメールのキャッチボールを続ける秘訣を私に訊ねてきました。

私は、この相談者が実際にやりとりしたメールを読んで、デートに誘うタイミングの見極め方を教えました。女性のメールには、明らかに「誘ってほしい」というサインが何回も出ているのに、慎重になって誘わないことがメールの返信がなくなる原因だと判断したからです。

では、デートに誘うタイミングの見極め方とは、女性の「誘ってほしい」サインとは、どういうものなのでしょうか？

デートに誘うタイミングを見極める「節目法」

メールのやりとりの中で、相手の女性の「節目」が明確にわかることがあります。この「節目」を利用し、デートに誘うタイミングを見極めるのが、私が「節目法」と呼ぶ方法です。

「節目」とは、

・卒業
・転職
・誕生日
・テスト勉強終了
・引っ越し
・病気が全快
・仕事がひと段落
・長期のお休みの始まりと終わり

などのイベント事で、何かがはじまったり、終わったりするタイミングです。

こういったことがデートに誘う絶好の口実になるのは、リアルの世界と変わりません。例えば、「お疲れさま会」「お祝い」「壮行会」を切り口にしてデートに誘うというやり方です。

また、このバリエーションとして、世間を騒がしているニュースやイベントを切り口にするという手もあります。

・イチローが大記録を達成したので
・真央ちゃんが優勝しましたね

「お祝いに（？）食事でも……、唐突でしたらごめんなさい」と、とぼけた誘い方でユーモアを感じさせれば、十分に相手の了解を引き出せます。

初心者向けの判断法「閾値《しきいち》法」

次に、誘うタイミングを見極める機械的な判断法を紹介します。

これはネット恋愛の初級者向けの見極め法で、私は「閾値法《しきいち》」と呼んでいます。初級者でなく馴れた人でも、節目のような明確なものが見当たらないときに使える手法です。

この方法における判断ポイントは、メール交換してから「ある一定の期間と数を超えたとき」というものです。

相手によりますが、ある一定とは「二～四週間、五～一〇往復」が一つの目安になります。このくらいやりとりすると、「人となり」が理解され、警戒心がなくなり、親密度が高まっている頃です。

また、これだけメールのやりとりが続くということは、相手がこちらに好意を抱いている可能性が高いということです。

この「ある一定」のやりとりをしたら、機械的にデートに誘います。このやり方は、デートに誘って断られたらどうしよう、という「恐れ」に対して効果的です。

断られるという「恐れ」を抑えられなくなると、何の行動も起こせなくなったり、冷静さを失い、間違ったアプローチをしてしまうからです。この「恐れ」を克服するために、ある一定のやりとりをしたら機械的にアクションを起こすのです。

これは株式投資に似ています。

株は売買のタイミングが難しく、損が出ていても「待てば、また上がる」と期待したり、高値のピークのときにでも「待てば、もっと上がる」と欲を出したり。株も、思い入れや欲や恐怖といった感情に支配されて、冷静な判断ができずに売買の適切なタイミングを逃すことがあるのです。

このようにタイミングを逃すことを防ぐために、「ある一定の損得がでたら」機械的に売買する手法があります。この手法を取り入れると運用成績が安定すると言われ、多くの投資機関で採用されています。

恋愛も同じことです。「恐れ」を克服するために、「ある一定のやりとりをしたら」機械的にデートに誘うのです。「ある一定」自体が、絶好のタイミングを示すサインの一つなのですから。

ただし、この方法は、後で説明する「打診モード」でデートに誘うことが前提となることに注意してください。

女性からの「誘ってサイン」を見逃すな

「ディズニーランドに行きましょうよ〜」とか「美味しいフレンチに連れて行ってく

ださい〜」などと女性のほうから言い出せる関係でない場合、その気があっても、女性は「待ちの姿勢」にあることが多いようです。つまり、男性からの誘いを待っているのです。

面と向かって接している場合、相手の表情や雰囲気、言葉のニュアンスから「誘ってほしい」という気持ちを読み取れる場合があります。

メールの場合はどうでしょうか?

実は同じように、「誘ってほしい」というサインをメール上で発していることがあるのです。この「誘ってサイン」を的確に読み取れるようになると、チャンスをものにできる確率がアップします。

では、その「誘ってサイン」とは?

例えば、次のようなフレーズです。

・このところ、仕事が忙しくて疲れてます…
・最近、引っ越してきたばかりなので、いいスポットを探すのが課題です…
・月末にテストがあって準備に追われて大変です…

・（こちらがドライブに行ったとメールに書いた返信で）いいなぁ、いいなぁ～～♪♪

勘の鋭い人は気がついたでしょう。

これらはすべて、女性が「ねぇ、ちょっと、アクションを起こしてよ！」と、暗に男性に対して訴えている文面なのです。この言葉の裏にある意図や本音を想像してみてください。

こうした言葉が出てくるのは、メールをやりとりして、二～三週間くらい過ぎた頃でしょう。こちらの人となりを理解して、警戒心がなくなり好意を抱いているという状況です。

そのため、女性が「そろそろ、会おうと誘ってくれたら」という期待を（無意識にでも）ぶつけてくるということなのです。

「誘ってサイン」の裏には、女性のこんな本音があります。

・仕事で忙しく疲れている　↓　（本音）癒されたい
・いいスポットを探している　↓　（本音）案内してほしい
・テストの準備が大変　↓　（本音）終わったら解放感を味わいたい

・ドライブいいなぁ〜〜♪　↓　（本音）ドライブ連れてって！

こうした願望を持っているが、身近にかなえてくれる相手がいない、というのが彼女たちが置かれた状況です。だから、（彼女たちが意識している、していないにかかわらず）こちらに期待を寄せ、こうした思いをぶつけてくるのです。これが「誘ってサイン」の裏にある心理状況なのです。

男性からの「だったら、（何か）しましょう」という返事を引き出す「そぶり」を女性のメールに感じたら、それは「誘ってサイン」です。

けっして見逃さず、すかさずデートに誘ってチャンスをものにしてください。

真っ正直な誘いより、軽い誘いが好まれる

では、次に成功率が高いデートの誘い方について説明します。

それは「打診モード」で誘うというものです。

（例文1）
このところ暑い日が続いてますね。暑気払いということで、よかったら何か美味しいものでも食べに行きませんか？

（例文2）
洋子さんの仕事疲れを癒す会ということで、夜景の綺麗なお店で美味しいワインでもいかがですか？ぜひ一席設けさせてください。

このように、あくまでも「軽く」そして「社交辞令的」に打診するように誘うのがポイントです。相手も「軽く」答えやすいからです。

逆に真っ正直な誘い方、例えば「今度の土曜日、銀座で食事でもいかがでしょうか？」のように日程を決めて、相手の都合を聞くことは、自らハードルを上げているようなものです。なぜなら、「今度の土曜日」に予定があったら断られてしまうからです。

「また誘ってくださいね」と確実に言われるような親密な関係になっていたら話は別

ですが、顔の見えないネットでは、相手の心理状況を読み取ることは難しいので、断られる要素は極力減らすことが肝心です。まずは打診して、相手が了解したら、その後に日時や場所を詰めればいいのです。

「軽く」聞いて（打診して）、「軽いイエス」をもらう。

こうした小さな「イエス」を積み重ねていくのが、「断られる」リスクを引き下げ、デートの了解を取り付けるための近道なのです。

先の海外駐在経験のある相談者は、このやり方で「断られたらどうしよう」という恐怖心が消えたそうです。

「軽いジャブを何度も打っていると、そのうち何かの拍子に決定打になるのと一緒ですね」

と彼は言いました。的確にデートに誘えるようになって、いままでは女性からの返信がなくなることはほとんどなくなったそうです。

デートに誘うときに使えるフレーズ

ここでは、デートに誘うときに使える便利な三種類のフレーズを紹介します。

まずは、「季節をネタにする」フレーズ。

「美味しい食事」に最適な「季節や時節」ネタは、一年中ありふれていますから、いつでも繰り出せる便利なフレーズです。

（フレーズ）

「季節や時節のネタ」＋「よかったら何か美味しいものでも食べに行きませんか？」

（季節や時節のネタの例）

・春　…新年度に向けて英気を養うということで

・夏　…暑気払いということで

・秋　…せっかくの食欲の秋ですし

・冬　…冬の味覚が冴え渡る時期ですし

次は、「節目をネタにする」フレーズ。

この食事が「絶好の機会」ということを印象付けるキーワードを、切り口にする誘い方です。

（フレーズ）

「節目ネタ」＋「よかったら何か美味しいものでも食べに行きませんか？」

（節目ネタの例）

・快気祝いということで
・引っ越し祝いということで
・壮行会ということで
・研修終了の打ち上げで
・景気付けということで

お誘いの前に前フリの文があると、このお誘いがよりスムーズになります。

（例文）

風邪が治って、本当よかったですね。
快気祝いということで、何か美味しいものでも食べに行きませんか？
よかったら、ぜひぜひ。

最後は「癒しネタ」のフレーズです。

温泉やエステなど、「癒し」は女性に根強い人気がありますから、この「癒し」をキーワードに食事に誘うのです。

イマドキの女子は、会社での人間関係などいろいろなストレスにさらされているので、相手のメール文の中に「疲れた」というキーワードが出てくることがけっこうあります。そういうときに、非常に使えるフレーズです。

〈フレーズ〉

「疲れを癒すために」＋「一席設けます」

〈例文1〉

ご都合よろしいときにでも、一席設けさせていただきます。

美味しいもので、仕事の疲れを取るのも一興です。

よろしければ、ぜひぜひ。

（例文2）

いい踊りができるように、美味しいものでも食べて、お稽古の疲れを癒すというのも一興だと思います。ご都合のいいとき、ぜひ一席設けさせてください。

（例文3）

暑気払いということで、ぜひ一席設けさせてください。「○○さんを美味しいもので癒す会」を催させていただきます。

なお、これら三種類のフレーズを活用して食事以外のイベントで初デートに誘う場合、例えばコンサートやテーマパークなどを提案するときは、「何か美味しいものでも食べに行きましょう」や「一席設けます」の部分を、これらのイベントに置き換えるといいでしょう。

女性から嫌われる中年男性特有のメールとは？

第3章でも触れましたが、女性から嫌われるおじさんの典型的なメールに、「年齢より若く見られます」というものがあります。

すごく卑屈な感じがしてイヤなんだそうです。私がネットで知り合った若い女性は、みんな口を揃えて言うので、このコメントを書くのはやめたほうがいいでしょう。

「見た目が若々しい」というのはアピールポイントだと思いますが、やり方がよろしくありません。なぜなら、本人が自分のことをそう言っているに過ぎないからです。

このコメントを書くのは、ほとんどが初メールのとき。しかし、女性からしたら、見知らぬ男性の言葉です。どれだけの信頼感を伴って、相手に受け入れられるでしょうか？　そもそも、ネットは危ないという先入観を多くの人が持っているのですから。

それよりも効果が高いのは、「プロフィールページに写真を掲載する」。これで十分です。前に説明したとおり、男性からメールを受け取った女性は、プロフィールページを見て返信するかどうかを決める習性があるからです。

わざわざメールでコメントしなくても、写真を見せればそれで十分なのです。

「年齢より若く見られます」

こんな卑屈で言い訳がましいコメントより、スーツ姿でにこやかに微笑んでいる写真を見せたほうが、よっぽどおじさんの株は上がるのです。

このように、自己卑下はよくありませんが、逆に、自信過剰な自慢話も避けるべきです。

そうした自慢話は、いわゆるエリートや経営者に多いようです。社会的な地位の高さや金持ちであることをいたるところで強調するメールです。自慢話と受け取られたら、女性に嫌われてしまうでしょう。

こちらも処方箋は同じで、プロフィールページでアピールすることをお勧めします。初メールで興味を引かせて、プロフィールページに誘導するのです。初メールは短文で十分。あとは、日記や写真、自己紹介文が雄弁に語ってくれますから。

（例文1）

「麻布に勤める社長の日記」をたまに書いてます。

ユルい会社なので、社長というよりアフリカの酋長のような気分です。

（例文２）

オフィスは霞ヶ関で、外交の仕事をしています。

事業仕分けで狙われているかも。

あとは、プロフィールページで、高級レストランでのグルメぶりなどのセレブな生活を〝さりげなく〟日記やアルバムにでも仕込んでおけばそれで十分です。

また、賛否両論ありますが、顔文字や絵文字をコテコテに使ったメールも注意が必要です。おじさんが使うと「キモイ」という女性がいます。年相応でないということでしょう。

ほかにも、句読点や改行が少ない長文メールを書く人がいますが、それも敬遠されます。読みづらいからですね。

出会い系は〝出会えない系〟？

インターネットを使った恋愛活動をするにあたって、知っておくべき「落とし穴」がいくつかあります。

そこでここでは、一部の悪質サイトや詐欺を目的にしたユーザーについて説明します。落とし穴に落ちないための対策として参考にしてください。

まずは〝出会えない〟出会い系サイトについて。

二〇一〇年一月、実は女性は「サクラ」ばかりという出会い系サイトが摘発されました。新聞によれば、「騙された男性は四年間で一四〇万人」「業者は約二〇億円の荒稼ぎ」というから、怖い話です。

ネットでの出会いが普及しはじめていますが、業者の中にはブラックな動機の人もいるのです。傾向と対策を探ることが必要ですね。

『ネカマ日記』という本があります（やなせひさし著・宝島社刊）。出会い系サイトでサクラをした「男性」の体験記です。ちなみに、「ネカマ」とはネット上で女性を装っている男性のこと。ネット上のオカマ、略して「ネカマ」です。この本は詐欺サイトを見破る大きなヒントを、われわれに示してくれます。

サクラを使った出会い系サイトの実態は、次のようなものです。

女性とメールのやりとりをするたびに料金が発生します。また、女性のプロフィールを見るのも有料。さらに、そのプロフィールの写真を見るのも有料。何かするたびにお金がかかります。

メール一通出すのに数百円もかかるのですが、前払いのポイント制のため、お金を支払っている感覚が希薄になっているというところがミソなのです。男性会員にお金を使わせるという意味で、よく考えられた料金体系になっています。

男性会員が女性と思い込んでいるのは、実はサクラです。しかも、女性は二割程度で、残り八割は男性、ネカマというわけです。

そのサクラたちは、五〇台程度のパソコンが設置されている作業場に出勤して仕事をします。全国の男性会員から送られてくるメールに、送られてきた順に返信していきます。ノルマはサクラ一名につき、一時間で八〇通のメールに返信するというものだそうです。

また、一人の男性会員に対し一人のサクラが担当するのではなく、複数のサクラがアトランダムに返信します。このため、男性会員ごとのメールの履歴をパソコンに表示できるようになっています。そして、男性への返信が滞留しないように、管理者が管理者用のモニターで常に監督しているのです。

女性のプロフィールには、サクラ用に裏データがあります。

男性会員に対して一貫性のあるパーソナリティにするため、「まじめで男性経験が少ない」とか、「彼氏は高校時代に付き合った一人だけ」とか、「好きなタイプは、そのつどメールを送ってきた男性に合わせる」など手の込んだこともしています。

このように、全国にいる数万人の男性会員をカバーするための効率的なシステムになっているのです。

しかし、サクラが一時間で八〇通ものメールにアトランダムに返信しているため、

・女性のメールは短文、深い話はしない
・ときどき過去のやりとりと食い違っていたり、見当違いのことを言う
・最終的に会えない（会う約束をしても、必ずドタキャンする）

と、目に見えた特徴があり、ここが詐欺サイトだと見破るポイントとなるのです。

さて、こうした業者ですが、詐欺的な出会い系サイトを告発するブログや情報交換の掲示板を見ていると、次のような共通した特徴が浮かび上がってきます。

まず、男性雑誌で派手に広告している一方で、女性誌への広告はなし。男性は金ヅル、女性はサクラだからこうなるのでしょう。

そして、サイトに登録している女性は、不倫やセックスフレンドを求めていると思

わせるというもの。つまり、下心という男性の根源的な行動原理にフォーカスしてマーケティングしているということです。

もし思い当たるフシがあったら、相手の女性が実はサクラで、むさ苦しいオッサンである可能性があります。

おじさんの相手をしている女性が、実は同じオッサンだった……ってなことがないように気をつけましょう。

詐欺女に注意、ネット婚活は命がけ?

ある探偵事務所によると、現在取り扱う結婚詐欺の九〇パーセントが「ネット婚活」だそうです（「週刊ポスト」二〇〇九年一二月一一日号「現場の磁力」より）。婚活ブームとネットの利便性を悪用した婚活詐欺に関する相談件数が、ここ数年激増しているとのことです。

この婚活詐欺、殺人事件にまで発展したケースがひと頃マスコミをにぎわせました。セレブを装った婚活詐欺女の周辺で複数の男性の不審な死……。

こうした婚活詐欺女には共通する特徴がない一方、騙される男性には明確な共通点があるそうです。

・恋愛経験が少ない
・一途で気が弱い
・女に苦労話をされると「助けなくては」と思ってしまう

きっと、純粋でいい人がコロっとやられてしまうんでしょうね。

告白します。実は、私も一度引っかかりそうになったことがあります。

その女は、「自称」元タレント、実家は大金持ち。メール交換から電話へ移行しましたが、その女が何度も電話してきて、何度も吐いたセリフが、「私、はじめてのデートでブルガリの指輪をプレゼントされてプロポーズされるのが夢なの」でした。

なんか変ね、と思いつつ、甘い誘惑に負けてデートしてしまいました。

食事の後、銀座のブルガリに連れて行かれました。何十万も指輪に払う度量もお金もないし、何か話がおかしいし、と思いとどまり危うく難を逃れましたが、多くの詐欺女がそうするように、ベッドテクで籠絡されていたら、正直、どうなったかわかりません。

その後、その女を何度か婚活サイトで見かけています。きっと、同じ手口を繰り返しているのでしょう。ということは、何回も成功しているのでしょうか。私は人としての純度がそんなに高くないので、その婚活詐欺女を「怪しいヤツ」と思えました。

でも、この婚活ブームの中で、お見合いを何度繰り返しても成果が出ず、どん底を這うような思いをしている人は、「詐欺女でもいい」「一度は女性と付き合ってみたい」「このまま彼女もできずに、年を取って死にたくない」と思うそうです。

こんな人の弱みに付け込むなんて、「詐欺女、許せん！」と、思わず力んでしまいます。

ネット婚活の詐欺女には気を付けましょう。

詐欺ですから、どこかで必ずお金の話が出てきます。そんなときは必ず、お金を貸してもいい相手かどうか見極めましょう。

例えば、ほとんどの詐欺女はプロフィール自体を詐称しているので、「勤務先を確認する」「運転免許証などで本名かどうか確認する」など、素性をしっかり確認しましょう。

また、同時に複数の男性を騙しているケースがほとんどなので、「他に男がいないかどうか」探りを入れる。そのために、女の携帯をチェックするのがいいと言う人もいます。まっとうな女かそうでないかを見極めることが必要だということですね。自分を守れるのは、最後は自分だけです。殺人を犯したネット婚活詐欺女さえいました。生命の危険だってあるということです。火の用心じゃないですが、ネット婚活も用心です。

SNSにおける詐欺女の見分け方

当初は紹介制で友人との交流が中心だったSNSも、会員数が増えるにしたがって婚活詐欺のような、騙し目的で使うユーザーが紛れ込んでくるようになりました。

そこで、SNSにおける「詐欺女」の見分け方をお伝えします。

「見分け方その1」

まず、プロフィールページに、オトコを求めているコメントや、エッチな写真がある場合です。

トップ画像に下着姿の写真や全裸で胸を手で隠している写真、あるいは自己紹介欄に書かれた「彼と別れて夜寂しい」といったコメントです。真っ当な女性がそんなことするハズがありませんよね。

バックに出会い系サイトの業者が控えていて、そこに誘導するためのオトリである可能性があります。女性が「わたし、このサイトのほうが使いやすいから」なんって誘導するのです。気を付けましょう。

また、ヒマを持て余している主婦が男性の反応を楽しむケースもあります。エッチな日記を書いたり、下着姿の写真を掲載して、それに対する男性のコメントを見てニヤリとするのでしょう。エッチさせてくれそうだと期待しても、冷やかし目的なので成果を上げるのは難しいのが実情です。

「見分け方その2」

プロフィールに、金融商品や情報商材のホームページのURLがあるなどのお金儲け話。または、パーティーなどの集客案内があるケースです。これもオトリです。

足跡を見て「誰？」と相手のページを見ると、こうしたユーザーに遭遇することがあります。

また、最近では新規の登録をすると同時に友人リンク（ミクシィの場合はマイミクシィと呼ばれている）の申請をしてくるケースがありますのでご注意を。

美人の写真を掲載したSNSのプロフィールページから自らの販売ページに誘い込むというのが、こうした業者の手口です。

「見分け方その3」

トップ写真は魅力的でも、リアリティを感じさせない女性会員も要注意です。これは「なりすまし」というケースです。

本人ではない美人の写真を掲載して、他人に「なりすまし」、出会い系サイトやマルチ商法に勧誘するユーザーです。

リアリティはまず友人関係に表れます。

紹介文を書いているのが、リアルの友人でない場合には要注意です。ミクシィの場合には、たいてい「関係」を見ると、「素敵なマイミクさん」で、コメントには「こんな私でも快くマイミクに承認してくれた心の広い人」と書いてあります。

こういう紹介文ばかりだと、ネットで別人を装っている「なりすまし」の可能性があります。

コミュニティにエロ系のものが多い女性ユーザーも要注意です。エロ系コミュニティから男性会員を誘導しているのでしょう。

私の相談者で、これに引っかかった人がいます。こうした女性と数回メールをやりとりした後、ホテルでの乱交パーティーに誘われたのです。鼻の下を思いっきり伸ばして会場に行ったところ、身分証明書の提示を求められ、後で参加費用として一〇万円請求されたというから、怖い話です。

日本でいちばん美人が集まるSNS

これまでに説明してきた「落とし穴」とは違う話ですが、「美人であるほどメールの返信をしない」という、ネット恋愛に関わる〝都市伝説〟があります。

本章の締めくくりとして、この真相に迫ってみましょう。

「日本でいちばん美人が集まるSNSは？」と聞かれたら、私は迷わず「ビューティフルピープルです」と答えます。このSNSは、入会に写真審査があるので、あるレベル以上の女性しか入れないシステムになっています。

ここでウン十人の女性と会いましたが、「美人レベル」はミクシィで知り合った女性と変わらない、という印象を持っています。が、しかし、ミクシィは顔写真を載せているユーザーが少ないため、美人を検索するためにいろいろな仕掛けや技法が必要となります。

一方のビューティフルピープルは、顔写真を載せることが必須なので、こうした手間はかからないのです。ここが大きな特徴であり、優位点でもあり、「日本でいちばん美人が集まる」の根拠でもあります。

しかも、出会い目的で入会する女性が多いので、いったんコンタクトが取れると、話がどんどん進んでいき、あっさりと会えることが多いのです。

これだけ聞くと、「なんちゅう、美味しい話！」と思うでしょうが、世の中そんなに甘くありません。そこには厳しい現実があるのです。

実は、この「ビューティフルピープル」の女性たち、「返信率が極端に低い」のです。ミクシィの場合、返信率が平均三五パーセントの私が、一方のビューティフルピープルでは一〇パーセント以下になってしまうのです。

なぜ、これだけの差が出るのでしょうか？

「ビューティフルピープル」には写真審査があり、そこに集まる女性たちはプライドが高いからでしょうか。あるいは、美人は男にチヤホヤされて傲慢だから、平気で冷たい態度を取るのでしょうか。もしくは、男性から迷惑なほどアプローチされることが多いため「無視する」ことがクセになっているからでしょうか。

答えは、すべて「NO」です。

真相は、シンプルです。聞いたら「なんだ、そんなことか」と思うでしょう。しかし、その「そんなこと」が、ネット上での恋愛では重要なことなのです。

「美人であるほどメル返しない」の真相

ビューティフルピープルのメールシステムには、「開封」「未開封」の表示があります。「開封」とは、メールをクリックして開けた、つまり読んだ（読んだ可能性が高い）というサインです。「未開封」はその逆。メールは未開封のまま、つまり読んでいないということなのです。

ビューティフルピープルの開封率は一〇パーセント以下……。

これでは、いくらインパクトのあるメールを送っても、プロフィールページを立派にしても、成果は出ません。つまり、ムダ弾を撃っている、ということなのです。

実はビューティフルピープルは、二〇〇八年の六月頃から有料制になりました。これを機に無料だから使っていたというユーザーがどっと離れたのです。

しかし、プロフィールページは残ったまま。そして一方で、新規で入会するユーザーも会費を払わないとメール機能が使えません。そのため、せっかく送ったメールが開封されない「未開封」のまま、ということが多発しているのです（ちなみに、無料のときの開封率は約六〇パーセントもありました）。

「美人だから、メル返しない」のではなく、プロフィールだけの「幽霊会員だから、メル返がない」というのが事の真相なのです。

その一方、ビューティフルピープルで開封されたメール、つまり読まれたメールに対する返信率を見ると、約六五パーセントもあるのです。なんと、三通に二通は返信があるという高確率です。

なぜ、こんなにも高確率なのでしょうか？

そこには美人たちの知られざる真実が隠されています。

美人も人の子、上手く誘えば話に乗ってきます。というより、美人だからこそ高い確率で乗ってくると言えます。美人というのは、男性にまともに扱ってもらえない寂しい存在なのです。

「えっ！　そんなことないでしょう？」と思った人、あなたが伊東美咲ばりの美女を目の前にしたと想像してみてください。いかがでしょうか？

美人を前にした大半の男性は、気後れしたり、妙にびびったり、「どうせ、僕なんか相手にされませんよね」と変に卑屈になったりするものです。このように普通に接してもらえないから「美人は寂しい」のです。

こうした背景があることも、この返信率が高いことの一因だと思います。

「美人はメル返しない」のではなく、「美人であればあるほどメル返する」というのが、数字に裏付けされた「本当の真相」と思うのは私だけでしょうか。

若い男を出し抜き、美女をかっさらおう

このビューティフルピープルで出会った美女たちに、「このサイトで他の人と会った？」と聞くと、大半が「いやー、青木さんだけよ」と答えます。

はじめの頃は内心、「そんなことないだろう」と思っていましたが、その理由を聞くと、なるほど納得なのです。

その理由というのは、

「だって、メールくれたの青木さんだけだもん」

というのです。

話を聞くと、大多数の男性は、写真にコメントするだけとか、ウィンクシステムといって気に入った相手に好意を示すボタンを押すだけなど、スタンスが実に消極的なのです。これでは女性との関係は進展していきません。

このサイトに集まる男性陣は、当然イケメンだらけ。年齢も二〇代後半から三〇代が多く、肉体的にも社会的にもオトコとして脂がのっているころです。

まともに勝負したら私が惨敗することは必至。なにせ、年は四〇代半ば、若年性の更年期障害まである枯れたおじさんだからです。

そのおじさんが、この「日本でいちばん美人が集まるSNS」で、次から次へと若い美人と会えている秘訣はただ一つ。

「メールを出し続けている」ことです。

こんな簡単なことで、実に多くの成果を得ているのです。

いまの二〇代、三〇代の若い男性は、ガッツがないし勝負弱い。というより土俵にすら上がろうとしない。

われわれが同じ年頃のときには、「いい車に乗りたい」とか、「クリスマスは高級レストランやホテルを予約」など、モテるために必死になったものですが、彼らにしたら、「めんどくせー」なんだそうです。

今後の日本の行く末を考えると嘆かわしいことですが、こと恋愛に限ってみると、われわれおじさん世代には絶好のチャンスと言えるでしょう。

とにかく、メールを出し続けましょう。

そして、このメールという行為に代表されるように、行動し続けましょう。

これが四〇歳を超えたおじさんが若い男性を出し抜き、若い女性にモテる秘訣だからです。

第5章

若い男に勝つ恋愛カルチャーセンター計画

文化を感じさせる男性がモテる

「モテるようになるには、どうしたらいいのか？」と考えはじめた一〇年前……。特に「年を取っても、モテるにはどうしたらいいか？」を考えたところ、あることに気が付きました。

それは「文化人がモテる。文化を感じさせる男性がモテる」ということです。

例えば、「不倫は文化」発言の石田純一さん、女優キラーの異名を取る五木寛之さん、絶世の美女、夏目雅子を嫁にした伊集院静さん。彼らに共通するのは、おじさんだけど「文化を感じさせる」ということです。

一方、日本のおじさんに欠けているのは、この「文化」ではないでしょうか？

朝から夜遅くまで会社で働いて、飲み屋で愚痴や不満話をして、家に帰ったらテレビをだらだら見て、休みの日はたいていゴロ寝と、文化的な活動はまったくナシの世界です。

対する女性は、アフター5はお花やお茶の習い事、休みの日はコンサートや美術などの芸術に触れたりと、男性よりはるかに「文化」に興味を持っています。

こうした女性たちの関心を引くには、女性にウケのいい文化を身に着けることが必要ですが、それらは意識して生活を変えたり、時間を作って学ばないと身に着かないものです。

四〇歳を過ぎたら容姿は確実に衰えます。何か付加価値を付けないと、女性に対する自分の魅力は下がる一方。こうした中、「大人の世界、大人の文化を教えられる」ことが、若い男性にはない魅力、彼らに対する差別化につながります。

自らを「カルチャーセンター」にする。

これこそが、中年男性が若い女性にモテる秘訣の一端なのです。

大人の世界、大人の文化とは?

人生八〇年時代において、四〇代半ばの私など小僧っ子の雑巾掛けにしか過ぎません。「大人の世界、大人の文化」を語るにはまだまだ修行が足りないのは承知の上、恋愛という切り口からこのお題に取り組みます。

若い女性に、「大人の世界、大人の文化だわー」と胸をキュンとさせるためには、次の三つの要素が揃っていることが必要だと思います。

1―若い女性にとって敷居が高いと感じさせること
2―非日常的なハレの世界
3―うんちくを語らなくても、そのよさや芸術性がストレートに伝わるもの

最初の「敷居が高い」は、「大人の世界で、子供は入りづらいわ」と感じさせ、大人のエスコートが必要だと思わせる領域のことです。二番目は普段の生活とは別世界な雰囲気を楽しめ、女性自身も着飾ってお祭りのようなハレの日を感じさせるということです。

三番目は、相手と一緒に楽しめて、そのよさがストレートに伝わるもの。つまり五感を通じて感性に響くものということです。うんちくを語らなくては伝わらないものは避けたほうがいいでしょう。自然な流れで「うんちく」を語る分には造詣の深さを感じさせますが、そうでないと、単なる「うんちく講座」で、相手はうんざりして終わる可能性があるからです。

この三つの条件を満たすものとして、みなさんは何を思い浮かべますか？

私のある相談者は、「茶道」と「香道」を上げました。正統派ジャパニーズ文化のど真ん中を行くいいアイディアですね。

別の相談者は、「芸者遊び」を挙げました。こちらもいいですね。私が行きたいくらいです。お酒も入るし、ちょっとエロチックな遊びもあるし。放蕩おやじのイメージやお金がかかることが玉に瑕でしょうか。

ただし、大上段に構える必要はけっしてなく、相手の女性にとってこの三つの要素を感じさせるものであれば充分なのです。例えば、自堕落な生活を送っている女性だったら、自然の中に佇む神々しい神社でもいいということです。

私自身は、「歌舞伎」と「オペラ」を推挙したいと思います。

それぞれ和洋を代表する舞台芸術。ほぼ同じ時期に発祥し、いままで人々に愛され続けてきた古典芸能です。また、すごく似ている部分と、まったく正反対な部分があることがたいへん興味を引かれる点です。

です。

革新のオペラと伝統の歌舞伎に魅せられて

まず、どちらにも共通する特徴は、女性に気合を入れて着飾ろうと思わせるところです。

ある女性をオペラの海外歌劇場の引っ越し公演に連れて行ったときには、何度も「何着ていったらいい?」「やっぱりドレスかしら?」と聞かれたものです。実際のところ、ジャケットを羽織るくらいのカジュアルでいいのですが、ヨーロッパに駐在していた知り合いに吹き込まれたようなのです。

歌舞伎も同じで、ドレスコードにうるさそうですが、着物以外は立ち入り禁止なんてことはありません。しかし、そうしたイメージがいいと思うのです。敷居の高さを必要以上に感じさせ、ハレの日の気分を演出するからです。

開幕まで、そして幕間のロビーは実に華やかです。私が過去にいちばん驚いたのは、瀬戸内寂聴さんがはじめてオペラのために書き下ろした公演の初日の出来事です。ロビーには、有名な作家や文化寄りの芸能人がそこらじゅうに何人もいて、シャンパン片手に語り合い、よく顔を知られた政財界のお歴々がやぁやぁとお互い挨拶しているのです。

実は、この公演が私にとってはじめてのオペラでした。「こんな世界があるのか……」と半ば度肝を抜かれた覚えがあります。歌舞伎もロビーは艶やかな雰囲気があり、売店の一角はお祭りの出店のようなにぎやかな風情があります。

舞台の外ではこのように風景が似ているオペラと歌舞伎ですが、その中身はずいぶんと対照的です。

まず、出演者のバックグラウンドが正反対。歌舞伎の主役クラスは世襲と英才教育が主流ですが、オペラは、親もオペラ歌手という人はごく少数派で、基本的にたたき上げの世界です。また、歌舞伎は言うまでもなく日本人が演じますが、オペラはウィンブルドンのように世界中から人が集まってきます。

演出は大まかに言うと、歌舞伎がほとんど変えないのに対して、オペラは時代設定を変える、つまりオリジナルが一五世紀のものをスーツ姿の現代劇に変えたり、ストーリーの解釈さえも変えることがあります。伝統をしっかり守るのが歌舞伎、常に革新性を求めるのがオペラだといえるのです。

しかし、根っこの部分は同じです。芸の奥行きがとてつもなく深いのです。そして、魂を揺さぶられるかのように激しく感動します。

私は公衆の面前で何度こらえ切れず号泣したことでしょうか。ゆえに、「心のデトックス」であると思っています。

グローバル革新のオペラ、ガラパゴス的な進化を遂げた歌舞伎、そのどちらにも私は魅了され続け、今後も女性同伴を続けることでしょう。四〇歳を過ぎてからいい趣味に出会えて幸せです。

そして劇場通いだけに留まらず、今後は、美術館、博物館、文化遺産へと領域を拡大していきたいと思っています。

が、知力、体力、そして経済力がどこまで続くことやら。

この二つだけでもすでに破綻寸前なので。

女性をメロメロにするドンペリは安い？

超高級なお酒というと、多くの人がドンペリとロマネコンティを思い浮かべるのではないでしょうか。では、ここで質問です。どちらのお酒が高いでしょう？

答えは、ロマネコンティのほうが圧倒的に高い。

しかも、（モノによりますが）一〇〇倍の差がつくことさえあります。どちらも同じ高級酒に思えますが、値段的には大きな開きがあるのです。

以前、すごくお世話になった上司が会社を辞めたときにドンペリを進呈したところ、「妻が朝から張り切って料理を用意し、久しぶりに家族全員揃って食事をしました。人生で最高に美味しいお酒を飲みました」とお礼状が来て、大感謝されたことがあります。

「人生で最高に」といっても一万円程度。それでこれだけの反応を引き出せるのですから、ある種の魔術的な妙薬効果があるわけです。

これを恋愛に応用しない手はありません。とっておきの彼女とのデートで、ここぞというときにドンペリを使ってみてください。大感謝されること請け合いです。

実は、このネタをどこで仕入れたかというと、ワインスクールで教えてもらったのです。世間的に、ワイン愛好家の男性というと「キザなヤツ」というイメージがあります。実は私もそうでした。ワインなんて酔えればどれでもいいと思っていたくらいですから。

そんな私が、ひょんなことから通ったワインスクール。そこは、若い女性との出会いの宝庫でした。

カルチャースクールは出会いの宝庫

ワインスクールは、圧倒的に女性が多いところです。八割から九割は女性が占めています。

しかも、なぜか美人が多い。クラスに一〜二名はソムリエの資格を取るために通う客室乗務員がいます。製薬会社からの接待で味を覚えたのであろう魅惑的な女医さんもいます。そして、なぜだか有名雑誌の編集者とモデルもいます。

例えは悪いですが、アダルトビデオのタイトルの「美人○○」の○○に当てはまる、エッチな妄想をかき立てる職業の女性がわんさか集まってくるのです。

こうした女性は当然お酒が好きですから、クラスが終わった後に、「ちょっと行かない？」と誘うと気軽に応じてくれるもの。そりゃそうです。クラスメイトなんですから。ただし、最初は大人数でワイワイ楽しく飲むことになりますが。

私が最初に通った初心者を対象としたコースは、六カ月間ほぼ毎週授業で、トータル二〇回。次に通ったのは日本ソムリエ協会の認定資格を取るコースで、九カ月間ほぼ毎週クラスがありました。そして、当然のように授業終了後には毎回飲み会です。

これだけ機会があれば、男と女ですから何かが起こります。男女七人夏物語の世界が再現されるということです。

このように、カルチャースクールでは、知識や技能だけでなく、女性との出会いも得られます。一兎を追うものが二兎を得てしまう世界なのです。

どの地方にもたいていカルチャースクールがあります。そして若い女性がなぜか集まるスクールがあるものです。

探すコツとしては事前に見学に行くこと。これがいちばん確実な方法です。昼間の歴史講座は年配者が多いとか、スキルアップや資格系のスクールには若い人が集まるとか、それぞれ特色があるのです。

話はこれで終わりません。二兎を追うものは三兎を得るのですから……。

さぁ、大人の青春を楽しみましょう

私は四〇歳を過ぎてから、いろいろなカルチャースクールに通いました。ワイン、オペラ、本の企画書作り、個人貿易、イメージコンサルタント。これらに通っていちばんよかったことは、「大人の青春」を楽しめたということです。

利害関係がない人との付き合いって、社会に出るとなかなかできないものです。また、いろいろな年代、さまざまな職業の人と知り合う機会もそうそうないものです。

しかし、カルチャースクールにはそれがあるのです。

そこで知り合ったクラスメイトたちとあだ名で呼び合って、同じ目標に向かって一緒に頑張って、テストの成績に一喜一憂し、お互い励まし合う。

仲良くなったら、映画を観に行ったり、テニスをしたり、飲み会をしたりして……まるで学生です。はるか昔に過ぎ去ったはずの学生気分を、再び満喫することができたのです。

新しい知識や技術が身に着いた。若い女性と出会えた。それに加えて、新しい人間関係が広がって、気のおけない友達がたくさんできて、そして失ったはずの青春をもう一度、謳歌できたのです。

若いエネルギーをギラギラ燃やす青春もいいですが、大人の穏やかな青春もいいもんです。二兎を追うものは三兎を得る。

さぁ、カルチャースクールで大人の青春を楽しみましょう。

おわりに

みなさんは、今年いくつになりますか？

先日ある飲み会で隣に座った妙齢の女子が、

「やばいのよーー、わたし、今年で四〇歳なのよ」

と、半泣き状態で嘆いていました。

四〇代突入が「お家の一大事」に思える気持ち、よーくわかりますが、「アフリカ人じゃあるまいし、まだまだですよ」。恐怖におびえる女性を落ち着かせるとき、私はこういう詭弁、いえいえ、正論というか意見を言います。

ここで質問です。あなたは日本人の平均年齢をご存知ですか？

なんと四五歳なんですよー。

だから、四〇歳なんか、若い、若い。まだまだこれからです。

ちなみに、アフリカの、例えばケニアでは平均年齢は約二〇歳。なので、彼の地なら四〇歳は高齢者かもしれません。

しかし、日本では高齢化が進んでいるおかげで、ひと昔前には「チューネン」のお年頃も、いまでは若手ということになります。

こう言われても、まだまだピンとこない人、テレビの女優さんを思い浮かべてください。出演者がどんどんいいお年になっているじゃないですか。あの伝説の少女だった観月ありさちゃんはもう三〇代半ば。男優だって、若々しいイメージがある福山雅治さんや織田裕二さんがオーバー四〇です。

四〇代、五〇代といったら、まだまだ老け込む年じゃないし、新しいことにチャレンジする体力も気力も十分あります。

もうひと花咲かせることだって可能でしょう。

おじさんがしょんぼり肩を落としているより、恋をして明るく笑っていたほうが世のため人のためになると思うのです。だからこそ、

加齢臭じゃなく、フェロモンを出そう！

この思いを多くの人と共有できたら、著者としてこんなに嬉しいことはありませ

ん。

世のおじさんたちが素敵な恋をするために、この本が少しでもお役に立てれば幸いに思います。

この本を作るにあたってお世話になったすべての方々に、この場を借りて感謝申し上げます。私一人の力ではとうてい書き上げることはできなかったでしょう。

特に、貴重な時間を私に振り向けお付き合いくださった女性のみなさん、お互いの実らぬ想いはこうして本という形で結実しました。

また、理美容のとっておきのネタを十数年にわたって（もし講習会に呼べば一回ウン十万円を取るようなスゴイ人なのに）無償で伝授してくださったSさん、ありがとうございました。

相談者のみなさん、メルマガ・ブログの読者のみなさんには、私の活動を応援し励ましていただきました。

編集者の森田優介さんの大英断と行動力がなかったらこの本は世に出ることはなかったでしょう。イラストレーターの秋田カズシゲさんには絶妙な絵を描いていただきました。
そして最後まで読んでくださった皆様へ、改めてお礼申し上げます。
本当にありがとうございました。

二〇一〇年九月　観測史上、最も暑い夏の終わりに

青木一郎

青木一郎　Ichiro Aoki

中年男性専門の恋愛コンサルタント。
1965年生まれ。
早稲田大学卒業後、日本IBMに約20年間勤務。
40歳前後で、薄毛と若年性の更年期障害が急激に進行。
容姿と体力が著しく衰える中、女性にモテる方法を模索し、
医療・理美容・イメージアップで実績のある手法と
ITをフル活用した再現性の高い独自の手法を確立。
自ら実験台となり、薄毛治療、
歯の美白、ヒゲの脱毛などを実践、
40歳からの5年間で160名以上の女性とデートして
自身の手法を検証し刷新を重ねた。
約800名の中年男性の恋愛を成就させた実績を持つ。

著者メルマガ：オジサンが若い女性にモテる技術

著者ブログ：加齢臭じゃなく、フェロモンを出そう！
http://ameblo.jp/moteoji/

40歳《さい》からのモテる技術《ぎじゅつ》

2010年10月16日　初版発行

著者　青木一郎
発行者　五百井健至
発行所　株式会社阪急コミュニケーションズ
〒153-8541
東京都目黒区目黒1丁目24番12号
電話　03-5436-5721(販売)
03-5436-5735(編集)
振替　00110-4-131334

印刷・製本　図書印刷株式会社

Printed in Japan
ISBN978-4-484-10229-0